ロシア・ウクライナ戦争の行方

世界の運命の分岐点

グレンコ・アンドリー

Gurenko Andrii

JN208941

はじめに

2022年2月24日に始まったロシアによるウクライナ全面侵略から3年が経ちました。2014年2月に起こったクリミア半島でのハイブリッド戦争と、ウクライナ東部での局地戦の期間も含めると、すでに11年以上経っています。果たしてこれは短いのか、長いのか——。

人類の歴史を振り返ってみるまでもなく、世界ではさまざまな形の戦争が行われてきました。いわゆる局地戦や民族紛争は何十年も続くことがあります。しかし、国家同士が全力を挙げて戦う形の、いわゆる総力戦が何年も続くことはそんなに多くありません。

日本の歴史で見ると、直近の総力戦は日米戦争ですが、これは1941年12月8日から1945年8月15日までの3年8か月でした。その前の日露戦争は1904年2月から1905年9月までの1年7か月でした。

ウクライナ国民はロシアに一方的に侵略され、もう3年も祖国防衛のために戦い続けています。全国民が多大な苦労を味わう総力戦を何年も続けることが極めて困難なことであることは、日本のみなさんにもご理解いただけると思います。

ところでみなさんは、以下のような話を聞いたことがありませんでしょうか。

「ロシアはＮＡＴＯの東方拡大に怒って、これ以上の拡大を防ぐために行動に出た」

「西側はロシアの喉元であるウクライナにまで手を突っ込んだのだから、ロシアが激怒したのも無理はない」

「ロシアも悪いが、政治的妥結の努力をしなかった西側にも責任がある」

もしくは、以下のような話を聞いたことはないでしょうか。

「プーチンは闇の勢力、ディープステートと戦っている」

「ロシア悪玉論は西洋メディアのプロパガンダ」

「ネオコンはロシアを潰すために、この戦争を仕掛けた」

あるいは、こういう話を聞いたことがあるかもしれません。

「プーチンが勝手に起こした戦争にロシア人も迷惑しているので、ロシア人も被害者だ」

「今回の戦争はロシアが悪いが、戦争が終わったらロシアとの関係を元通りに戻せるだろう」

「今のロシア政府は戦争を扇動しているので、ロシア人はそれに踊らされて、理性を失っている」

次の話ならよく言われているので、きっと多くの方が聞いたことがあると思います。

「戦争はよくない。だから、武器提供ではなく、対話を促すべきだ」

一見、それぞれ違う話のようですが、実はこれらはすべて、対象層によってアレンジされたロシアのプロパガンダなのです。現実世界からの乖離の程度は調整されていますが、これらの話の目的はすべて同じです。それは、「ロシアがウクライナを征服しやすくすること」、そして、「ロシアの世界戦略を有利に進めること」です。

ですが、日本の人々の中には、こうした話がロシアのプロパガンダであることに気づかず信じてしまっている人が、一般人だけでなく、マスメディアや専門家の中にもいるようです。

そこで本書ではまず、**第1章**でロシア・ウクライナ戦争がどのようにして始まり、戦況が現在までどのように展開しているかを追います。２０２４年10月にロシア側に参戦した北朝鮮についても触れます。

また、この戦争を起こしたロシアの本質を理解しないと、この戦争自体を正しく理解できませんから、**第2章**ではロシアはどのような国で国民はこの戦争をどう考えているのか、何を目指しているのかなど詳述します。そして**第3章**では、西側諸国がそうしたロシアの本質を理解していなかったために、ソ連崩壊により弱体化したロシアを優遇し、復活させてしまったことを、歴史的経緯を踏まえて論じました。

さらに**第4章**では、ロシアのプロパガンダの代表的な主張を取り上げ、それらに対して事実に基づいて反論します。

これらによって、読者にこの戦争に対する、そしてロシア自体に対する正しい理解をしていただくのが本書の目的の一つです。

また、筆者は日本でたまにこのような意見を聞くことがあります。

「日本とウクライナは関係ない」

「日本はウクライナに多額な支援をするより、日本国内にお金を使うべきだ」

残念ながら、こういうことを言う人は国際情勢をまったく理解できていない人なのですが、こう言いたくなる気持ちは分からないでもありません。そもそも、なぜウクライナから遠く離れた日本の読者が、この戦争を正しく理解する必要があるのでしょうか。

それは、「世界はつながっている」からです。日本には「風が吹けば桶屋が儲かる」ということわざがありますが、距離的に遠く離れたところにおける出来事は一見、自分の国には関係ないと思っても、巡り巡って自国に影響を与えることがよくあります。まして、これほど大規模な戦争が世界に与える影響は甚大です。さらに言えば、日本はロシアの隣国であり、ウクライナはロシアを挟んで隣の隣の国です。日本に影響がないはずがありません。

本書のタイトルに「世界の運命の分岐点」とあるように、この戦争がどのような結果になるかによって、今後数十年の国際情勢は大きく変わります。

戦争の最大の争点は、**ウクライナは最終的に主権と独立を守れるのか**、それとも**ウクライナはロシアに征服されてロシアの領土になるのか**です。

戦争の結果がこのどちらになるかによって、今後の世界はまったく違う様相になります。世界全体の力関係、どの国や勢力が各地で主導権を握るのか、各国においてどのような雰囲気、どのような世論になるのか、など多岐に影響を及ぼします。「世界の運命の分岐点」とは比喩ではなく、文字通りそうなるのです。

だから、この戦争は日本にとっても他人事でも対岸の火事でもありません。この戦争を正しく理解することは、日本の国益という観点から非常に重要です。日本の平和な日常、日本の豊かな暮らしを守るために、日本はこの戦争とどう関わるべきか、しっかり理解しなければなりません。

そこで**第5章**では、この戦争が世界にどのような影響を与えているのか、地域別に詳細に解説します。もちろん、日本への影響についても北方領土問題や安全保障問題との関連も踏まえて論じています。

さらに、ロシアが勝った場合どうなるのか、ロシアが勝てなかった場合はどういう世の中が訪れるのか、といった今後の展望について、**第6章**で分析します。当然、ロシアの勝利を阻止するにはどうすればいいのかということについても詳細に論じています。

最後に**第7章**で、世界が恒久平和を構築するには何が大事なのか、提言します。先に結論を言ってしまうと、「ロシア連邦」という植民地帝国を崩壊させ、モスクワに支配されている各民族を独立させることによる世界平和への方途を示します。

筆者は、この戦争の経緯を3年間観察し、それに関連する国際情勢の動きを追い、また、世界と日本のさまざまな専門家の意見を聞き、多くの調査を行い、自分自身の知見を深めてきました。その成果を本書の出版によって読者のみなさんに提供する機会を得ました。

ウクライナについてはもちろんのこと、政治や国際情勢、安全保障、そして世界平和の構築といった問題について関心のある方に、本書が役立つことを願います。

目次

第5章　戦争で明確になった「新冷戦」の敵と味方

第6章　ロシア・ウクライナ戦争の行方

ボロネジ
ヒウ
クルスク州
ロシア連邦
ハルキウ
イジューム
セヴェロドネツィク
リマン
リシチャンシク
ルハンシク
バフムト
ドネツィク州
ルハンシク州
ドニプロ川
クロピヴニツキー
ドニプロ
ドネツィク
ドンバス地方
クリヴィー・リフ
ザポリージャ
ロストフ・ナ・ドヌー
ザポリージャ州
マリウポリ
ムィコラーイウ
ベルジャンスク
メリトポリ
ヘルソン
ヘルソン州
アゾフ海
クリミア半島
ケルチ
シンフェロポリ
海
セヴァストポリ
ソチ

図１　ウクライナ周辺地図

1986	チョルノービリ原発事故
1991	ウクライナ独立、ソ連崩壊、CIS（独立国家共同体）創設
2004	オレンジ革命で独立派ユシチェンコ政権誕生
2013	マイダン革命（尊厳の革命、～2014）で親露派ヤヌコビッチ大統領失脚
2014	3月、ロシアがクリミア半島併合、ウクライナ東部ドンバス地方へ侵攻 6月、独立派のポロシェンコ大統領就任 9月、ウクライナとロシア和平交渉（ミンスク合意）
2015	ウクライナ、ロシア、仏、独首脳が集まり第2ミンスク合意
2019	ゼレンスキー大統領就任
2022	2月24日、ロシア軍がウクライナへ全面侵略
2024	北朝鮮がロシアのウクライナ侵略戦争に参戦

［外務省、在ウクライナ日本国大使館ウェブサイトなどをもとに作成］

図2　ウクライナの略史

9世紀	北欧から来たヴァイキングのリューリックの一族がキーウにキーウ・ルーシ（キーウ公国）を設立
1240	モンゴル軍がキーウ・ルーシ攻略
1340	ポーランドが東ハルィチナ地方を占領
1362	リトアニアがモンゴルに勝利、キーウ含めウクライナ大部分はリトアニア大公国の領土に
1648	フメリニツキーの反乱（ポーランドからの独立戦争）（～1657）
1654	ペレヤスラフ協定によりフメリニツキーがロシアのツァーリ（王）にポーランドからの保護を求め、代わりにツァーリの宗主権を認める
1667	ロシアがポーランドと戦い、アンドルソフ講和でドニプロ右岸がポーランド領、左岸及びキーウがロシア領に
1709	ロシアとスウェーデンの大北方戦争におけるポルタヴァの戦い。ウクライナもスウェーデン側に参戦するも、ロシアが勝利
1853	ロシアの南下政策に対するオスマン帝国・英・仏・サルデーニャとクリミア戦争（～1856）。ロシア敗北
1914	第一次世界大戦（～1918）
1917	ロシア革命後、ウクライナ人民共和国（中央ラーダ政権）成立。ロシア・ソビエト政府の赤軍がウクライナに侵攻。ウクライナ・ソビエト戦争（～1921）
1922	ソビエト社会主義共和国連邦成立。ウクライナは構成国に
1932	スターリン政策（農業集団化、農民搾取など）による大飢饉（ホロドモール）
1939	第二次世界大戦（～1945）
1954	クリミア半島をウクライナに編入

第1章

ロシア・ウクライナ戦争の戦況（2022—24年）

第1節　プーチン大統領の信念を見誤ったゼレンスキー大統領

活発だったウクライナ人とロシア人の交流

２０２２年２月24日、ロシアがウクライナの各地に全面侵攻を開始した。なぜロシアがウクライナへ侵略したのかについて、日本の有識者はさまざまな意見を述べているが、残念ながらどれも本質をとらえていない。

ロシアによるウクライナ侵略の背景にあるのは、「絶望的な理解不足」だ。ウクライナ人とロシア人は、お互いのことをまったく理解していなかった。

戦争の前から、ウクライナ人とロシア人の交流は活発だった。多くのウクライナ人はロシアに在住し、逆も多かった。ウクライナ人には、ロシアに親戚がいる家庭もかなりあった。ウクライナ人の99％はロシア語が話せる。だから、言葉の壁はまったくなかった。ウクライナで、ロシアに行ったことのない人はいても、ロシア人と話したことのない人はほとんどいなかったと言っていい。また、２０１４年までウクライナ国内ではロシアのテレビが放映されており、ウクライナ人は日常的にロシアのメディアに接していた。

一方のロシア人の方はウクライナ語がわからないが、ロシア語でコミュニケーションを取ることができたので、ウクライナ人と話したことのないロシア人は少ない。ロシアではウクライナのメディアは放映されていなかったが、ロシア人はインターネットなどを通して、ウクライナのメディアを観ることができた。ロシア語で放映するウクライナのメディアもあったからだ。

このように、ウクライナ人とロシア人は日常的に交流しており、お互いがどう考えているのか確認する機会はいくらでもあった。しかし、これほどコミュニケーションしながら、ウクライナ人とロシア人はお互いのことをまったく理解していなかった。

ウクライナ人とロシア人双方の誤解

ウクライナ人は、ウクライナのことを独立国だと思っていた。また自分自身のことを当然「ウクライナ人」だと思っていた。だから、ロシアのことを友好国、もしくは兄弟国と思っていたウクライナ人は多かったが、自分がロシア人であると思う人はほとんどいなかった。ロシアとは友好関係を持ちたいが、自分自身はロシア人になりたい、ウクライナをロシアの一部にしたいとまでは思わない。こうしたアイデンティティをウクライナ人は持っていた。

一方、ロシア人はウクライナ人のことをロシア人だと思っていた。ロシア人から見ると、ウクライナ人というのは変な方言をしゃべる教養のない田舎者のロシア人だった。ウクライナ人が「自分はウクライナ人だ。ウクライナは独立国だ」と言っても、ロシア人はこれを真に受けなかった。

またロシア人は、ウクライナの土地もロシアの土地だと思っていた。ウクライナの独立は一時的な現象であり、いずれウクライナは自然な状態に戻る、つまりロシア領土になるという認識だった。ロシア人には、（本来ロシア人である）ウクライナ人が「独立」というごっこ遊びをしているだけに見えた。そして、遊び飽きたころ、ウクライナ人は「家に戻る」だろうと思っていた。ロシア人が「遊びはおしまいだ。戻りなさい」と言えば、ウクライナ人はおとなしくロシアの支配下に入ると思っていた。ウクライナ人が抵抗することを想定しなかった。

ウクライナ人の方も、ロシア人が本当に帝国主義路線を取るとは思わなかった。ロシア人はウクライナ人に対して、はっきりと、

「ロシア人とウクライナ人は同じ民族だ」

「西側はウクライナをロシアから切り離そうとしている」

「ウクライナの土地は、本来ロシアのものだ」

と言っていたが、ウクライナ人はそれを真に受けなかった。ウクライナ人にとって、ロシ

ア人のこのような主張は帝国主義的な豪語にすぎず、実行するとは思っていなかった。ウクライナ人は、プライドが高いロシア人は大国だった過去の栄光を懐かしんで強がっているだけだと思っていた。だからウクライナ人は、ロシアはウクライナを攻撃しないと思っていた。

ところが、ウクライナ人もロシア人も本気だった。お互いに思いを率直に伝えていたが、相手はそれを素直に受け入れず、自分に都合のいい解釈をしていた。

「ウクライナは簡単に制圧できる」「ロシアは全面戦争はしない」

ロシアは言葉通り、２０１４年にウクライナ南部のクリミア半島を占領して、併合した。また、ウクライナ東部のドネツィク州とルハンシク州にも非正規武装集団を送り、一部の地域を占領した。さらに、ロシアはウクライナ南東部全体で暴動を起こして、親露暴徒を使ってその地域をウクライナから分離させて、支配しようとした。

だが、東部2州以外の地域では、ウクライナ当局とそれに協力した愛国者の民兵が親露暴徒による暴動を鎮圧した。その結果、ロシアが狙ったウクライナ南東部の9州のうち、支配できたのはクリミア半島と東部2州の約3分の1ずつにとどまった（**図3**）。

この結果についてロシア人は、ウクライナ人の圧倒的多数はロシアの支配下に入りたいと思い続けているが、ウクライナを乗っ取った一部の過激派がロシアに抵抗しているせいで、

図３　ロシア全面侵攻開始前の状況（2014～2022年２月）

［出典：米戦争研究所］

作戦が成功しなかったと思った。

ロシア人は、ロシアの侵略に抵抗して独立を守ることはウクライナ人の総意である、という現実を見ようとしなかった。だからロシア人は、正規軍による大規模な作戦を実行すれば、今度こそウクライナを簡単に制圧できると思ったのだ。ロシアの理屈では、ウクライナ人口の1割程度しかいない反露分子さえ潰せば、残りのウクライナ人はロシア軍に対して抵抗しないということだった。

一方のウクライナ人も、ロシアはクリミア半島を被害を出さずに占領できると思ったから実行したが、東部で抵抗に遭ったらロシアは止まった、と見ていた。つまり、楽に領土を拡大できるならするが、大きな被害を出してまで領土拡張をしないだろうと考えていた。

だからウクライナ人は、ロシアは全面戦争を起こさないと思っていた。全面戦争を起こせばウクライナ人は必死に祖国を守るために戦うから、ロシアにも大きな被害が出る。そのような自国にとって損にしかならない大規模な戦争を起こすという馬鹿げたことはしないだろう、と認識していた。

ウクライナ全土の完全支配はロシア人の総意であるという現実を、ウクライナ人は見ようとしなかったのである。

ゼレンスキー大統領の合理的判断

ウクライナのゼレンスキー大統領も、直前までロシアによる全面戦争を信じなかった。アメリカがインテリジェンス情報に基づいて、ロシアは全面侵攻を起こすと大々的に警鐘を鳴らしていた。にもかかわらず、ゼレンスキーは最後まで、ロシアは威嚇はするが実際に全面戦争を起こさないと思っていた。

このゼレンスキーの姿勢を多くの人は理解できなかった。だが、ゼレンスキーはプロの政治家ではなく、時の世論の流れで当選した素人だ。素人が政治に携わると、合理性に基づいて判断することがよくある。ゼレンスキーは合理的に考える人間だった。

彼から見ると、全面戦争を起こすとロシアにとって損しかないし、そして、そもそもロシアが国境付近に集結した約20万人の兵力では、ウクライナを征服するには不十分だから、ロシアは全面戦争を起こすはずがない、と判断したのである。

しかし、政治は合理性だけで動くとは限らない。信念で動く時もある。合理的に考えればおかしいが信念に基づく決断は、政治においてよくあることだ。

そして、プーチンは自分の信念に基づいて、全面戦争を起こした。

第2節　電撃戦への必死の抵抗——2022年の戦況

ウクライナの想定外だったロシアの全面侵略

戦争の口火は、ロシア軍による電撃戦によって切られた。ロシア軍は北、東、南の3方面からウクライナへ一気に攻撃を開始し、短期間でウクライナの主要都市の制圧を狙った（**図4**）。

防衛戦の準備をしなかったウクライナはこの初期の侵入を阻止できず、ロシア軍は短期間で広範囲の地域を占領することに成功した。最も手薄だった南部において、ロシア軍はクリミア半島から攻撃を始め、ヘルソン州とザポリージャ州の南半分を占領し、東に進んで1週間以内で東部の要所マリウポリを包囲できた。同じく南部から西へ進み、ドニプロ川を渡ってヘルソン市を制圧し、港町のムィコラーイウの攻略を狙った。

ウクライナは防衛戦の準備をしなかったため、南部方面で二つの大失敗を起こしてしまった。一つは、ドニプロ川の渡河を防げなかったことだ。ドニプロ川は広いので、本来、戦いながらそれを渡るのは至難の業だ。防衛している側から見ると、非常に防衛しやすい自然の防衛線である。しかし、ロシア軍はほぼ抵抗されることなくドニプロ川の橋を渡ることができた。

もう一つは、クリミアから侵攻して東に向かったロシア軍が途中で抵抗に遭うことなくマリウポリまで到着できたことだ。クリミアからマリウポリまでの間に、300キロメートルの距離とメリトポリとベルジャンスクという地方都市がある。戦力で勝っている軍隊でも、簡単に制圧できる範囲ではない。この間の1か所でも防衛戦を行えば、短期間でのマリウポリの包囲を防げたが、準備不足のためそれができなかった。

東部方面で、ロシア軍はルハンシク州の大部分とハルキウ州の北東部を占領し、ウクライナ第二の都市ハルキウの郊外まで到着してしまった。

北部方面で、ロシア軍はキーウ州、チェルニヒウ州、スムィ州の一部を占領し、それぞれの州都に近づき、制圧を狙った。北部方面でキーウの戦いは中心だった。ロシアは首都キーウを短期間で制圧し、傀儡政権を立てることによってウクライナの完全支配を狙った。だから、首都攻略はロシア軍の第一目的であった。

ロシアの想定外だったウクライナの必死の抵抗

防衛戦の準備をしていなかったウクライナは、慌てて戦時体制を整えた。戒厳令と総動員

図4　ロシア全面侵攻開始直後の状況（2022月2月24日）

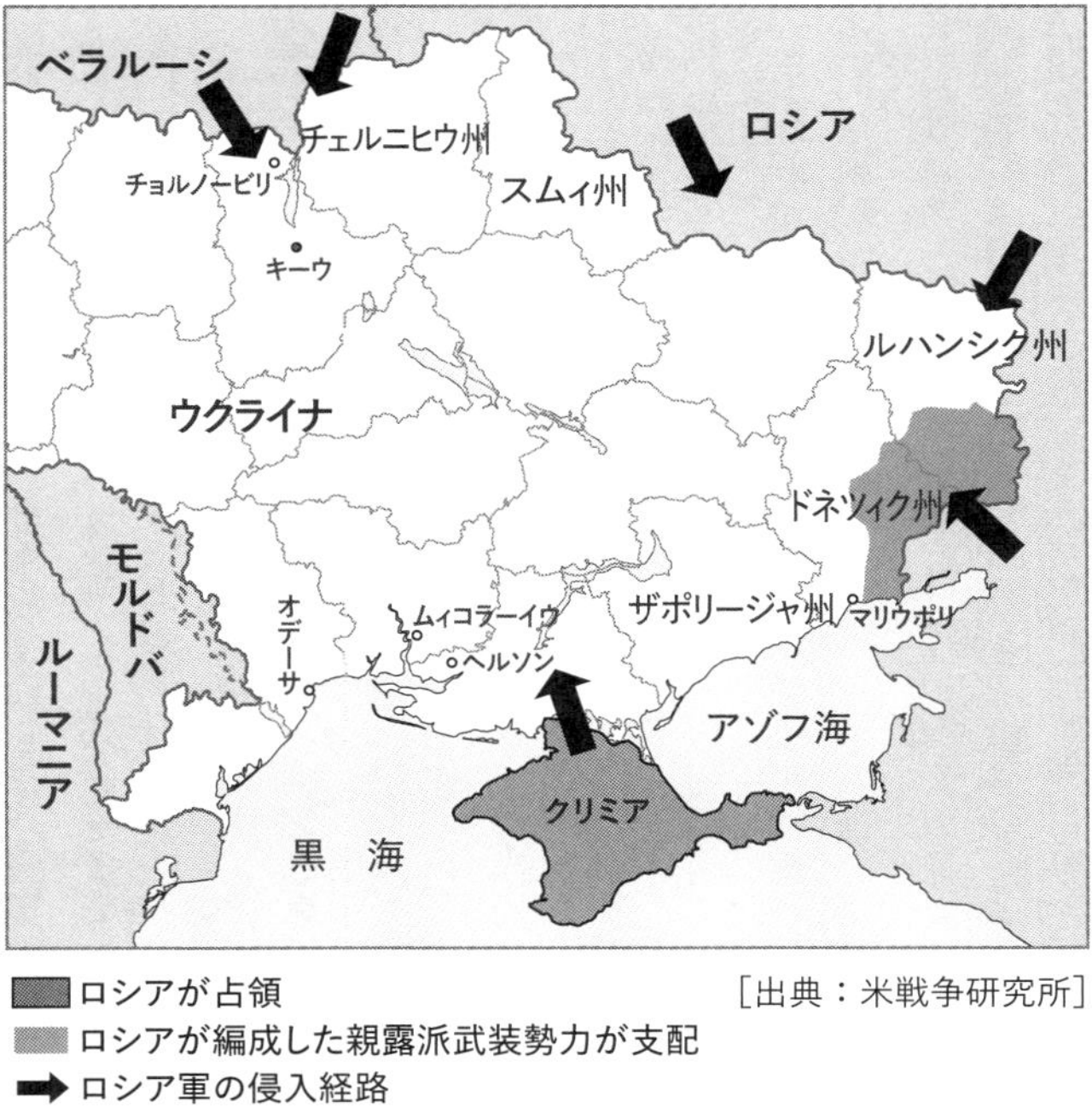

［出典：米戦争研究所］

令が発せられ、多くの民間人は軍に志願した。最初の数日間、キーウでは希望者全員に小銃が配られていた。本来、行政が民間人に小銃を配るやり方は、混乱を生じかねないので望ましくないが、初期には手続きを踏まえる余裕はなかったので、このような緊急措置もあった。

ロシア軍は数日間でキーウ州の北部を制圧し、キーウ郊外に近づいた。しかし、そこからウクライナ軍の組織的な抵抗が始まった。ロシア軍の主要部隊はキーウの市街地に侵入できなかった。事前にキーウ市内に潜伏していたロシア軍の工作部隊は、町の各地で重要施設の襲撃、制圧を狙った。だが、主要部隊が市街地に入れなかったため、工作部隊は大きな混乱を起こすことに失敗して、最終的にウクライナ当局に殲滅された。

また、ウクライナ北部は森林地帯のため、ロシア軍は道路と道路沿いの集落しか制圧できず、「面」で支配することができなかった。そのため、ロシア軍の車列は何度もウクライナ正規軍やゲリラ部隊に叩かれた。

日にちが経つにつれて、ロシアの準備不足は露わになった。ウクライナも準備不足だったが、全面攻撃が始まってから、ウクライナ人は必死に戦った。一方、ロシア軍は組織的な抵抗を想定しなかったため、本格的な正規軍同士の戦いに必要な兵站《へいたん》を整えなかった。その結果、短期間でキーウを制圧できず戦闘が長引き、ロシア軍は苦戦した（**図5**）。

開戦当初にプーチンは、「ロシア軍の主要な戦闘はウクライナ正規軍ではなく、ナショナ

図5　ロシア全面侵攻1か月後の状況（2022月3月25日）

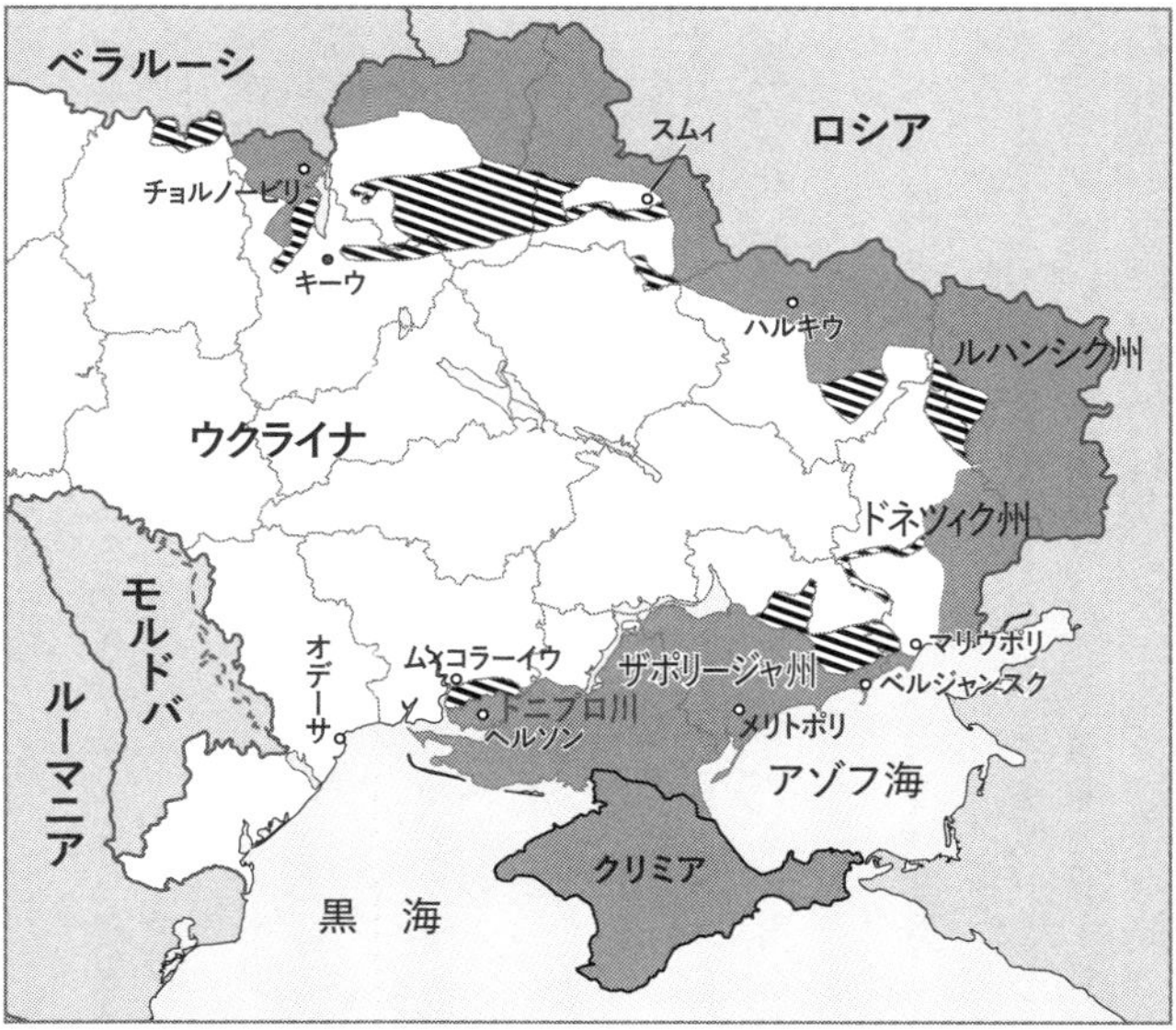

ロシアが占領
ロシアが一部占領
［出典：米戦争研究所］

リストの集団に対して行われている」と発言した。また、プーチンはウクライナ軍に対して、政権を転覆し、権力を掌握し、ロシアと交渉を始めるように呼び掛けた。

これはただのプロパガンダに見えるが、プーチンは当時、本当にウクライナ正規軍はロシアに抵抗するはずがなく、抵抗しているのは反露ナショナリストだと思っていた。プーチンをはじめ多くのロシア人は、ウクライナの一般人から形成されているウクライナ正規軍の兵士もロシアの支配下に入りたがっている、と思い込んでいた。つまりロシアは、反露ナショナリストさえ掃討すれば、ウクライナ正規軍はおとなしく投降すると見込んでいたのだ。だから、ウクライナ正規軍と国民全体が必死に抵抗し始めた時、ロシアは本気で驚いた。これほどまでにロシアは、ウクライナのことを勘違いしていたのである。

かくしてロシア軍の電撃戦は失敗した。さすがのロシアも通常の戦争でないとウクライナを制圧できないと理解し、作戦を変更せざるを得なかった。

ロシアによるウクライナ南東部占領への作戦変更

ロシア軍は、地形的にも兵站の観点でも占領地の維持が不可能だった北部から撤退し、部隊をウクライナ南東部に集中した。電撃戦の際は町やインフラの破壊を避けていたが、なりふり構わない戦闘の仕方になった。

開戦初期から包囲されていた東部の港湾都市マリウポリでは、アゾフ大隊らがアゾフスターリ製鉄所に籠城し、徹底抗戦していたが、ロシア軍は街の9割を破壊し尽くし、5月に陥落した。ロシア軍は結局、戦闘で製鉄所を制圧できず、アゾフ大隊の弾薬と食糧がなくなるまで待たなければならなかった。もしこれが完全包囲ではなく、製鉄所への補給と増援が可能な状態なら、製鉄所では何か月も防衛戦を続けることができたはずだ。

ロシアは主戦場を東部に移し、まずはドネツィク州とルハンシク州を完全に制圧してウクライナ軍に大きな打撃を与え、東部から次第に占領地を拡大しようとした。

この戦略には、それなりに合理性があった。ウクライナの東部はロシアと隣接しているため、補給しやすい。また、東部にはウクライナ軍の主力部隊が配備されていたが、それを叩いてしまえば後はたやすいと思っていたのだろう。

ロシアは砲撃戦に力を入れるようになり、圧倒的な砲弾の保有数の差で、ウクライナ軍を叩くことにした。ウクライナに対する自由民主主義諸国による武器提供は、まだ行われ始めたばかりだったため、武器と弾薬は、ロシアの方が圧倒的に多かった。

ただ、この時点でロシアはまだ国内で動員を実施しておらず、20万人の兵力しか持っていなかった。この数は明らかにウクライナ占領には少ないので、なるべく人的被害を出さないようにしていた。歩兵戦を行うと必ず被害が出るが、砲弾を大量に撃ち込めば歩兵戦は避けられる。だからロシアは、地域の破壊を顧みず砲弾を大量に撃ち込み、焼け野原になった土地に進んでいた。

普通、ある程度の砲撃で敵に打撃を与え、土地制圧を歩兵が行う。しかし、ロシアはウクライナ兵が全滅するか、撤退するまで砲撃を続けた。このような作戦を取れば、制圧した土地に何も残らない。建物も植物も地形も完全に破壊され、瓦礫しかなくなる。しかし、ロシアが求めているのは領土、つまり土地そのものであるため、完全破壊を厭わなかった。

砲弾も大砲も少ないウクライナ軍に、この作戦を撃退するすべはなかった。ウクライナ軍は大きな犠牲を出しながら、ぎりぎりまでロシア軍を食い止め、陣地の維持が不可能になったら撤退する、ということを繰り返すしかなかった。

この作戦でロシア軍は、ドネツィク州とルハンシク州で前進し、ルハンシク州の中心都市、セヴエロドネツィク市とリシチャンシク市を制圧した。

西側諸国による武器支援とウクライナ軍の反撃

これで、ロシア軍はルハンシク州のほぼ全域を占領した。しかし、ドネツィク州の全域占領はできなかった。夏になると、西側による武器支援は少しずつ入り始めた。榴弾砲と砲弾、そして、自走多連装ロケット砲ＨＩＭＡＲＳも提供された。これによって圧倒的な砲撃能力の差は少し縮まり、ウクライナ軍はロシア軍の武器庫を叩けるようになった。

ウクライナ軍はロシア軍の攻勢を食い止めることができ、２０２２年の7月後半から9月上旬までは膠着状態になった。ロシア軍は武器弾薬の面で圧倒的に有利だったが、次第に人員不足に陥った。

そこで、ウクライナ軍は初めて防衛作戦ではなく、占領された領土の奪還を試みた。第一候補はヘルソン州西部の奪還だった。この土地は唯一、ドニプロ川の西岸にあり、ロシア軍が他の占領地と連絡するには、ドニプロ川を渡らなければならなかった。他の占領地との連絡や補給が困難な地域を最初に奪還するのは、合理的な判断だった。ロシア軍もヘルソン州の西部がウクライナの第一の目標になるのを理解し、防衛戦の準備をしていた。そのため、8月末のウクライナ軍の第一攻撃は失敗し、一気に奪還できなかった。

しかし、ロシア軍はヘルソン州の西部に兵力を集中した結果、他の場所が手薄になった。そのおかげで、9月から10月にかけて、東部方面のハルキウ州東部の反攻作戦が可能になった。ロシア軍はヘルソン方面の防衛に集中し、ハルキウ方面での反攻を想定しなかった。ウクライナ軍が攻勢を始めると、数が少なかったロシア軍は総崩れになり、ハルキウ州東部に流れるオスキル川の東岸まで敗走した。この方面でロシア軍の司令部が置かれた鉄道要所のイジュームでも組織的な抵抗ができず、ロシア軍は撤退した。

勢いがついたウクライナ軍はオスキル川も渡河して、その東岸も奪還できた。そして、ロシア軍をハルキウ州とルハンシク州の州境まで押し返すことができた。その後、ルハンシク州北部の奪還も試みたが、ロシア軍は我に返って、スヴァトヴェとクレミンナの軸で応戦し、その後は一進一退の状態となった。ウクライナ軍に勢いがあったが、やはり人数にも兵器にも限りがあり、短期間で広範囲を奪還できる兵力はなかった。

ルハンシク州で、スヴァトヴェ・クレミンナの軸でウクライナ軍の進撃が止まったが、ドネツィク州の北部のリマン方面ではウクライナ軍の攻勢が続き、10月にはリマン市とその周辺を奪還できた。

ロシアの部分動員により数百万人が国外脱出

ハルキウ州における敗北を受け、ロシアは限定的な兵力でウクライナに勝てないことがわかった。そこでプーチンは2022年9月21日、部分動員を表明した。

ここで、もう一つ、ウクライナ人のロシア人に対する勘違いが露わになった。全面戦争が始まってからウクライナ人は、ロシアは元々軍にいたプロの軍人だけでウクライナを征服できるなら侵略を続けるが、ロシアの一般人を動員して、戦争に行かざるを得ない状態になれば、ロシアで厭戦気分が起きると思っていた。ロシアの一般人は、領土を増やしたいが自分が死ぬかもしれない戦争には行きたくないはずだ、とウクライナ人は思っていた。

ところが、ロシア人の多数派はそうではなかった。プーチンが動員を表明した時、ロシアで動員に反対するデモが起きたが、規模が小さく、勢いがなかった。ロシア人の圧倒的多数は、動員や戦争継続に反対しなかった。だから、ウクライナが期待していた、ロシアの動員により反戦運動が誘発されるという展開にならなかった。

一方で、動員が表明されたことにより、出国するロシア人も多数出た。数百万人がロシアから出たとされている。慌てて国境に押し寄せるロシア人の車列はロシアの弱みに見えた。

しかし、残念ながらこれはロシアの強みになった。動員が表明されたら、戦争に反対する人、動員に反対する人、戦争に行きたくない人は、ほとんどロシアを出た。ロシアに残ったのは、積極的に反対する気のない人のみになった。つまり、ロシア国内には反対派がほとんどいなくなり、侵略戦争の支持や拡張主義路線で固まることになったのである。

全面戦争の前のロシアの人口は、約1億4700万人だった。国外脱出などで数百万人が減ったところで、それでも1億4000万人以上の大国である。しかも、不満分子が国外に出たので、むしろさらに結束して強くなった。

ウクライナ東南部4州併合宣言の真意

ロシアは占領を制度化するために、9月23日、ウクライナ東部のドネツィク州とルハンシク州、南部のザポリージャ州とヘルソン州の4州の支配地域で、ロシア併合に向けた「住民投票」が行われた。そして、「賛成多数」の結果を受け、9月30日にプーチンがこの4州の支配地域の併合を宣言した（**図6**）。

普通の占領と併合は、何が違うのか。併合とは、ロシア国内で正式にその土地をロシアの領土として認識することだ。正式に併合すれば、ロシアの法律上、それはロシアの領土になる。ロシアの憲法でその領土が明記されるのだ。つまり、本来のロシア領土と同じ統治を行う。

だから、例えば、その領土をウクライナが奪還した場合、ロシアの法律上、これは「ウクライナに占領されたロシアの領土」ということになる。完全に歪んだ解釈だが、ロシアではそうなる。つまり、もしプーチンの次のロシアの指導者が戦争をやめようと思っても、できなくなる。ロシア国内で、「ロシアの正式な領土を放棄するのか！」と批判されるし、ロシアの憲法違反にもなる。だから、仮に次の指導者が戦争をやめたいと思っても、ロシア国内の構造でそれができなくなる。

もちろん、プーチンは自分の代でウクライナを征服できると確信しているが、万が一、自

図6　ロシアのウクライナ全面侵攻の状況（2022年9月30日）

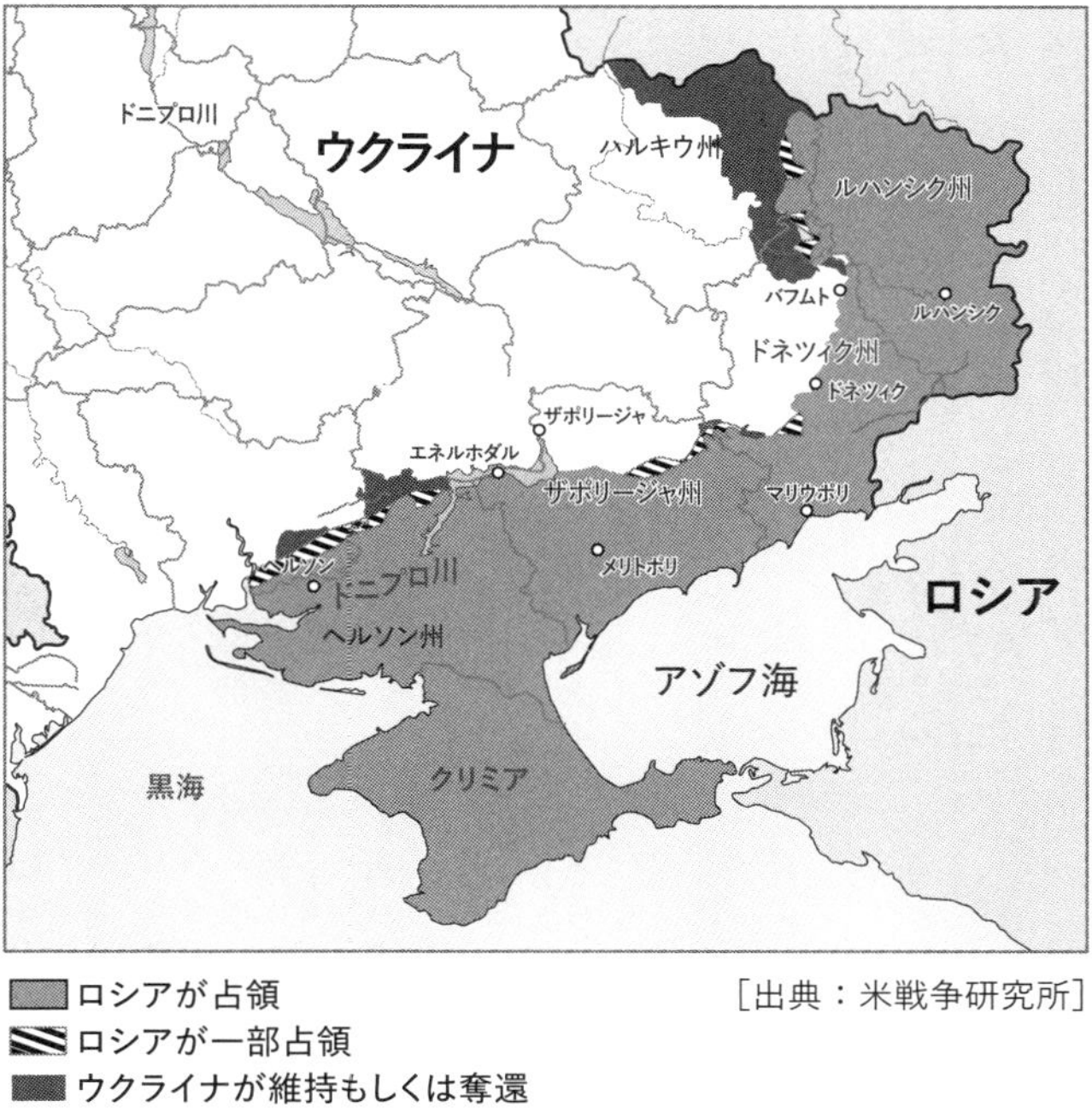

［出典：米戦争研究所］

分の代でできなかったとしても、次の指導者が戦争を止めないような仕掛けをしたということだ。

ウクライナ軍によるドニプロ川西岸解放

ハルキウ州奪還の後、ウクライナはヘルソン州の西部の奪還に力を入れた。しかし、ロシア軍は防衛線を築くことができたので、通常作戦でそれを奪還しようとすると、大きな被害を受けることになる。

そこで、ウクライナ軍は少しずつ土地を奪還するのではなく、ヘルソン州西部の占領軍の補給を断つことにし、ドニプロ川の橋と川を渡ろうとするロシア軍の船をミサイルで攻撃した。

このような補給を叩く攻撃が数か月間続いた結果、ヘルソン州の西部を占領していたロシア軍には究極の選択が迫られた。補給が途絶えたまま徹底抗戦を行って全滅させられるか、兵力を温存して撤退するか……。

ロシア軍は撤退を選択した。11月にヘルソン市を含めて、ドニプロ川の西岸は完全に解放された。ロシアは動員による兵力の増加に力を入れ、兵力を増やしながら再編成して、もう一度ウクライナに大規模な攻勢を行うことを狙った。それは２０２３年前半のバフムトの戦いにつながる。

武器提供の遅れで攻勢機会を逸したウクライナ軍

２０２２年の戦いを総括すると、ロシア軍の電撃戦や大量砲撃をウクライナ軍は辛くも凌いだものの、大幅な領土侵入を許してしまった。ウクライナは当初、防戦一方だったが、最初の一撃を食い止めると、反転攻勢に出た。その時点ではロシア軍よりも総動員をかけたウクライナ軍の方が多かった。だが、９月にプーチンが部分動員を表明し、ロシア軍の兵力が増強されると、戦線は膠着状態に陥った。

ウクライナ軍が数的優位を保っている時にロシア軍を攻めきれなかった理由は複数あるが、一番はやはり自由民主主義諸国による武器提供の遅れだろう。全面戦争が起きてから、侵略を受けたウクライナへの武器提供は全体的に遅かった。開戦直後は、歩兵でも携帯できるような武器しか提供されなかった。時間と共に、砲弾、榴弾砲やロケット砲などの重兵器が提供されるようになったが、毎回、判断が遅かった。提供は需要に明らかに間に合わなかった。提供された兵器も、数が少なかった。そして、２０２２年の時点では、最も必要な兵器である戦車、戦闘機、長距離ミサイルは提供されなかった。

その結果、ロシア軍が最も弱い状態だった２０２２年秋、ウクライナ軍は侵略軍を壊滅させる絶好の機会を逃してしまった。逃した理由は、兵器が足りなかったことだ。もし、２０２３年６月の時点でウクライナに提供された武器が、２０２２年９月の時点で提供されていれば、ウクライナ軍は高い確率でロシア軍を壊滅させ、ロシア軍をウクライナ国内から排除できたはずだ。しかし、ロシア軍は増員、再編成、武器調達、防衛線構築のための時間を得てしまった。

西側諸国のウクライナへの武器提供の判断が遅れたことは、この戦争を長期化させてしまった大きな原因の一つである。

第3節　不発に終わった反転攻勢——2023年の戦況

バフムトの戦いでのロシア軍の人海戦術

ロシア軍は動員を経て、２０２２年末から再び大規模な攻勢を行うことを狙った。あの頃、ロシアはもう一度キーウを狙う大攻勢をかけるのではないかという噂が情報空間で流れていた。もしくは、キーウを狙うのが難しい場合でも、ウクライナの東半分を占領する計画もあったとされている。北からスームィ方面、東からドネツィク方面、南からザポリージャ方面へ同時に攻勢を行い、東ウクライナの占領と東部のウクライナ軍主力部隊を包囲する戦略だ。

しかし、ロシア軍が動員で手に入れた兵力は、これほど大規模な攻勢を実行するには足りなかった。だから、ロシアは全国規模の大攻勢ではなく、ウクライナ東部で攻勢を始めた。

２０２３年の前半に、最も激しい戦いはドネツィク州のバフムト周辺で行われた。ロシアは、ドネツィク州全域の占領を狙ったので、バフムト制圧の後、ドネツィク州北部の中心都市、スロヴャンスク市とクラマトルスク市を制圧することが戦略だった。

１月からロシア軍はバフムト方面での攻勢を始めた。１月中に、バフムトの北にあるソレダルを制圧し、北部方面からバフムトに迫った。同時に、町の南部方面からも迫り、バフムトの包囲を狙った。結局、包囲はできなかったが、数か月間バフムトを守っていたウクライナ軍は、３方面からロシア軍の攻撃に対応しなければならなかった。

バフムトの戦いで、ロシア軍はこの戦争で初めて、本格的に人海戦術を使った。つまり、きちんとした訓練を受けていない、練度の低い兵士を大量に投入する作戦である。この作戦は死亡率が非常に高いが、いずれ守る側のウクライナ軍の弾薬が不足してしまうので、少しずつ進むことができる。ロシアでは、人命の価値は非常に低いので、敵の弾薬が切れるまで丸腰に近い自国兵を敵陣に送り続けることができる。後ろに督戦隊をおけば、兵はおとなしく命令に従い、前進するのだ。

民間軍事会社ワグネルの存在感

バフムトの戦いでは民間軍事会社ワグネルが存在感を示した。本来、ワグネルはロシアが国家として直接関わりたくない紛争に使われる部隊であった。例えば、アフリカでロシアの利権保護や工作にワグネルが動いていた。

しかし、ロシア軍が直接参戦した対ウクライナ戦争でワグネルは使われた。なぜか。ウクライナとの戦争でロシアはなるべく兵力を増やしたかったので、戦える部隊をすべて戦場に投入したからである。

一方、ワグネルの社長、エフゲニー・プリゴジンは、この戦争でワグネルが戦果を上げることができれば、自分自身の影響力を高めることができると思っていたので、積極的にワグネルを参戦させた。

プリゴジンはロシア政府の許可を得て、ロシアの刑務所などで戦闘員を募集した。囚人は大量にワグネルに入隊し、バフムトの戦いで戦場へ送り出された。人命の価値が低いロシアにとって、囚人兵の使用は非常に効率がいい。戦場での兵力増加ができるだけではなく、刑務所の負担も減り、また囚人が戦争で大量に死ぬことで、ロシア国内の治安もよくなる。人権意識のない国では、極めて合理的な判断だ。

囚人兵はバフムトでの人海戦術の主体となった。この戦いでロシア側の死亡率は非常に高かったが、やはり次から次へと人間の波が送られ続け、町を守っていたウクライナ軍は少しずつ押され始めた。

数か月の激戦の結果、5月にバフムトはロシア軍に占領された。町は完全に廃墟になり、建物のほとんどが破壊され、人が住める状態ではなくなった。

しかし、バフムトの戦いはウクライナの完敗だったかというと、そうではない。あの時期、ロシア軍はバフムトの制圧に兵力を集中したため、他の地域でほぼ前進がなかった。

そのおかげで、ウクライナは夏から始まる反転攻勢を準備する時間を得た。また、ロシア軍は当初の計画では、バフムト制圧後、そのまま北西に進み、ドネツィク全域を制圧する予定だったが、バフムトでの消耗が激しく、さらなる前進はなかった。

ウクライナ軍の反転攻勢への期待

バフムトの戦いと同時進行で、ウクライナは反転攻勢の準備をしていた。新たに20旅団を編成し、訓練を行った。一部の兵は、外国でNATO諸国軍の指導の下、訓練していた。また、自由民主主義諸国からの武器提供も行われていた。1月には、それまで出し渋っていた戦車の提供が表明された。

しかし、準備が進んでいたとはいえ、自由民主主義諸国による武器提供の規模はやはり小さかった。例えば、ウクライナ軍幹部は、攻勢作戦を成功させるには約500両の戦車が必要だと言っていたが、攻勢が始まった6月の時点で、ウクライナに届いた戦車の数は、100両以下だった。他の武器や弾薬の提供においても似たような状況だった。

また、攻勢を成功させることに不可欠な戦闘機と長距離弾道ミサイルの提供は、その時点でまったく行われなかった。だからウクライナは決定的に重要な武器のないまま、そして全体的に装備が足りないまま、反転攻勢の準備をせざるを得なかった。

一方で、自由民主主義諸国は、この反転攻勢に非常に大きな期待を持った。彼らは、とにかくこの戦争が早く終わってほしい、という認識だったので、ウクライナに戦果を急かしていた。自由民主主義諸国の考えでは、もしウクライナが戦場である程度の戦果を上げることができれば、ロシアは停戦交渉に応じざるを得なくなるということだった。また、自分たちが提供した武器の量だけでその戦果を上げることができると勘違いしていた。

ウクライナ国内でも似たような状況だった。ウクライナ国民も苦しい戦時が早く終わってほしいので、軍に対して早く勝利するように求めていた。そして、国民世論を気にしているゼレンスキー大統領も軍に反転攻勢を指示した。

実際に、自由民主主義諸国もウクライナ国民も同じ勘違いをしていた。２０２２年に、ロシアが何度も失敗を繰り返していたので、ロシア軍が弱い、ロシア軍に簡単に勝てるという勘違いが生まれた。だから、装備が十分ではなかったにもかかわらず、国内外から早く勝利を収めるように、ウクライナ軍に圧力がかかっていた。

しかし、ロシア軍はたしかに２０２２年に何度も失敗を重ねたが、その失敗に学び、次第により現実的な戦略に移っていた。２０２２年秋の敗北を経て、ロシアは全力を挙げないとウクライナに勝てないと理解し、次第に総力戦体制に入った。

だから、２０２３年には、ウクライナは本気を出して全力で戦っているロシア軍の相手をしなければならなかった。

スロヴィキンライン攻防戦

２０２３年前半、ウクライナを侮らなくなったロシア軍は、来るであろうウクライナの反転攻勢に備えて、防衛線の構築を始めた。ロシア軍副司令官のセルゲイ・スロヴィキンは、数か月の間にウクライナ南部、主にザポリージャ州で、いわゆる「スロヴィキンライン」を築いた。この防衛線は巨大な地雷原と塹壕でできており、全体的に要塞化されていた。これを突破しようとする側は圧倒的な兵力や装備で優位でなければ、乗り越えるのは至難の業だった。

だから、ウクライナ軍は最初にこの防衛線を突破するのではなく、ドニプロ川の渡河を狙った。もちろん、ドニプロ川ほどの大きな川を渡るのは困難で危険だった。しかし、ロシア軍は川自体を自然な防衛線と認識し、川沿いに新たに防衛線を作らなかった。そして兵力の大多数をスロヴィキンラインを守るように配備したため、ドニプロ川の東岸は手薄だった。もし渡河作戦が成功すれば、ウクライナ軍はスロヴィキンラインを突破する必要はなく、ロシア軍の主力部隊の背後に入ることができた。

当然、ロシア軍もそれを想定していたので、渡河作戦を阻止するために前代未聞の戦争犯罪を犯した。カホフカダムの爆破である。大型ダムの決壊によって洪水が起き、ドニプロ川の両岸が水浸しになった。それによって、確認できる範囲だけでも約70名が死亡した。ロシア軍に占領されている東岸では救出活動ができなかったため、恐らく死者数はもっと多いだろう。一部の集落では居住が不可能になり、避難を余儀なくされた人が数千人いた。

環境破壊も凄まじい。ダムの上流に存在したカホフカ貯水池(総面積約2000平方キロメートル)は存在しなくなり、そこに生きていた水生生物のほとんどが死亡した。ダムの下流にあった川沿いのウクライナ南部の生態系も破壊された。

さらにウクライナ南部、その中でも特にクリミア半島は元々、水が足りない地域であり、干ばつの傾向があった。ダム破壊による水不足で、中長期的にその地域の干ばつが進む恐れが出てきた。

このダム破壊による洪水のため、ウクライナ軍の渡河作戦はしばらく不可能になり、スロヴィキンラインを突破しなければならなくなった。ウクライナ軍は部隊を集中して敵の防衛線突破を試みた。これはＮＡＴＯ諸国で訓練を受けていた時に学んだ戦術だ。ところが、この戦術は、航空優勢を攻撃側が取っていることを前提にしている。しかし、その時点で戦闘機の提供はなかったので、航空優勢はロシア軍が取っていた。防御する側が航空優勢を取っていると、攻撃側は兵力集中できない。集中すれば、敵の空軍力で地上部隊が叩かれるからだ。実際に、攻勢が始まったら、ロシア軍は集中したウクライナ兵力を何度か破壊することができ、ウクライナ軍は想定外の被害を被った。

そこでウクライナ軍は作戦を変えた。それ以降、兵力を集中するのではなく、小部隊に分けて、複数の箇所でスロヴィキンラインを「抉《えぐ》る」作戦を取った。数か月の激しい戦いで、ウクライナ軍は数か所でスロヴィキンラインに食い込むことができた。

するとロシア軍は、ウクライナ軍の兵力を南部戦線から分散させるために、ルハンシク州とハルキウ州東部のクピャンスク方面に約10万人の兵力を集めて、攻勢を実行した。そのため、ウクライナ軍はスロヴィキンライン突破のために用意された兵力の一部を、北部の防御に当てざるを得なかった。

ウクライナ軍はなるべく無謀な作戦を取らず、効率よくロシア軍に打撃を与えるように努力していた。スロヴィキンラインを巡る戦いで攻勢に出ているウクライナ軍より、防御しているロシア軍の方が損害が大きかった。約5か月の激戦の結果、ウクライナ軍はスロヴィキンラインの半ばまで食い込むことができたが、突破できなかった。やはり航空優勢を敵に取られたこと、兵力を同じ箇所に集中できないことが決定的な要因となった。

ウクライナ軍はロシア軍にそれなりに大きな被害を与えることができたが、元々人口の多い、人命の価値が低いロシアでは、兵の補充が常に行われているので、破壊された兵力の代わりに新しいロシア兵が来ていた。

11月にウクライナ軍のザルジニー総司令官は、英紙「The Economist」への寄稿において、戦争が膠着状態に入ったと解説した（**図7**）。総司令官によると、その時点では両軍は技術的にも戦力的にも同レベルなので、どちらかが勝利を収めるのは困難だということだった。この解説には、政治的なスローガンや精神論は一切なかった。厳しい戦争の現実をそのまま詳述した、戦争を知り尽くしたトップレベルの将軍の分析だ。

また、ウクライナが勝つには何が必要なのか詳細に書いていた。一言でまとめると、ウクライナ軍にはロシア軍より技術的に優れた装備が十分な数量で必要だということだった。ど

図7　ロシアのウクライナ全面侵攻の状況（2023年11月）

ロシアが占領
ロシアが一部占領

［出典：米戦争研究所］

のような兵器が必要なのか総司令官は明確にしている。この兵器の提供がウクライナの勝利条件になる。

この分析からわかるように、ウクライナ軍は明らかに不十分な装備のまま攻勢に出た。この状態での成功の確率は非常に低かったので、攻勢を急ぐ判断は正しかったかどうか、疑問である。また、早く戦果を求める支援国の要求も、ウクライナ国内の世論も、現実を踏まえていたかどうか、という疑問もある。

筆者の意見では、装備不足状態での攻勢がウクライナ軍を必要以上に消耗させたのではないかということだ。もうしばらく支援国からの装備が十分な数量で届くまで待つべきだったのではないだろうか。

もちろん、この判断にウクライナ軍や総司令官の責任はない。ウクライナ軍を急かした国内外の世論は、自身の責任を感じて反省すべきではないだろうか。急かすよりも、国際社会はウクライナ支援の加速、拡大に集中すべきだし、ウクライナ国内の民間人は軍人に戦果を求めるのではなく、一人ひとりが軍をサポートするために全力を尽くしたかどうか、しっかり省みる必要があるかもしれない。

自国内に防御線を築く

11月にウクライナ軍の攻勢が行き詰まった頃、今度はロシア軍が攻勢を始めた。これは、戦場で当然起きる「揺れ戻し効果」だ。もし攻撃側が攻勢で敵に壊滅的な打撃を与えられず、防御側が敵を食い止めることに成功すれば、当然その後、逆にそれまでの防御側が攻勢を行うのは自然な流れだ。

ロシア軍は主に東部ルハンシク州とドネツィク州で攻勢を実行し、いくつかの町の占領を試みた。だが、年が変わるまでに陥落した町は一つもなかった。

この年末に起きたロシア軍の攻勢で、ウクライナは自身のもう一つの弱点に気づいた。ウクライナにはスロヴィキンラインに匹敵するような頑丈な防衛線がなかったのである。

２０２２年秋以降、ウクライナは領土奪還に集中していたので、防御の準備に十分な力を注がなかった。夏の反転攻勢の準備をしている間、ウクライナは奪還、つまり攻撃作戦の準備だけをしており、長期的な防御作戦が必要になることを想定しなかった。

ところが、戦争とは自身の思惑と敵の思惑の衝突だ。自身が想定した展開通りに戦局が動くとは限らない。自身の作戦が失敗した場合には、その状況に対応しなければならない。だから、ウクライナは攻勢作戦を実行するにしても、それが期待通りにいかない場合の備えも必要だった。

心情的に、ウクライナが防御線を作らなかったことは理解できる。自分たちの国土に巨大な地雷原を作り、塹壕やコンクリートで美しい自国の地形を醜くしたくなかった。また、領土を奪還した後、ロシアとの国境で防御線を作るという考えもあっただろう。

しかし、戦争は冷徹なもので、時の感情に振り回されたら不利になる。侵略者を撃退し最終的に勝利するために、時には人命の犠牲だけではなく美しい国土の姿も犠牲にしなければならない。ウクライナは、防御線の構築を急ぐ必要に迫られた。

アメリカからの支援の停止

ちょうどこの頃、支援国による支援停滞の問題が起きた。最大の支援国であるアメリカは、翌年に大統領選挙を控えており、民主党と共和党の両党は国際情勢より内政に集中していた。民主党のバイデン政権はウクライナ支援継続に積極的だった。だが、その時点で下院で過半数を占めていた共和党は、ドナルド・トランプに近い議員たちが対ウクライナ支援の継続を妨害し、次から次へと新たな理由を考えつき、対ウクライナ支援法案の審議をさせなかった。

ウクライナは、自由民主主義諸国による支援が各国の国内事情に左右される状態に備えなければならなくなった。もちろん、ロシアによる侵略が続いている限り、支援がなくなることは考えにくい。だが、支援が継続的ではなく断続的に行われることもあり得るし、または支援の規模が小さくなる時期もあり得る。このような状態に備えるには、武器支援だけではなく、自国での武器製造を活性化させなければならない。

もし戦争が2、3年で終わるのであれば、たしかに自国で武器を開発、製造するよりも支援国から完成品を受け取った方が手っ取り早い。その方が時間を節約でき、労力も少ない。しかし長期戦になれば、支援国による武器支援だけに頼るのは不安定で、自国での武器産業が不可欠になる。だから、ウクライナ国内、そして近隣諸国でウクライナの企業が武器製造の体制を整えなければならない。NATOに加盟している隣国に産業施設を置けば、それはロシアのミサイルで破壊される恐れはない。

以上のように、2023年は、ウクライナやそれを支援する自由民主主義諸国にとって期待外れの年となった。ウクライナと自由民主主義諸国はロシアを過小評価して、最大限の努力をしなくてもロシアに勝てると思い込んでいた。ロシアの進軍を食い止めた流れで、ウクライナ軍に勢いと根性での勝利を期待した。

しかし、現実は甘くない。ロシアは非常に残虐、冷酷、卑怯、そして巧妙で巨大な悪だ。この悪に楽観論では勝てない。ウクライナも支援国も最大限の努力が求められた。

第4節　膠着する戦線——2024年の戦況

アウディーイウカの戦い

２０２３年10月から止まっていた最大の武器提供者であるアメリカからの支援は、２０２４年４月にようやく法案が採決され、再開されることになった。この法案は総額６１０億ドルで、１年間分のアメリカによる対ウクライナ支援を全部含んでいた。

支援が止まっていた理由は二つあった。一つは、トランプやその側近は、とにかくバイデン政権の政策を全否定し、足を引っ張りたかったからだ。バイデン政権はダメだというアピールをしたかった。もう一つは、「対外支援ではなく国内に金を使え」という、いわゆる自国ファーストの考え方だった。このような自分勝手な理由でアメリカによる支援は止まり、ウクライナ軍は著しい武器、弾薬の不足に陥った。

ちょうどその頃、ウクライナでは東部のドンバス方面が主戦場となり、2023年10月から2024年2月までアウディーイウカの戦いが繰り広げられていた。アウディーイウカは2014年以降、ずっと戦場であり続け、局地戦の頃からロシアはその陥落を狙っていた。だが、アウディーイウカは地形的に優位にありウクライナ軍が守りやすく、「アウディーイウカ要塞」とも呼ばれるほどであった。

全面戦争になってから、ロシアは何度もアウディーイウカの陥落を狙ったが、毎回撃退されていた。ウクライナ軍は比較的少ない戦力で、数で勝るロシア軍を効率よく叩き、大きな損害を与えていた。

しかし、武器、弾薬不足に陥ったことにより、いくら有利な地形でも防衛が難しくなった。ロシア軍は被害を顧みず、何度も撃退されながら攻撃し続けた。三方面から押されていたウクライナ軍は、最終的に2月にアウディーイウカから撤退せざるを得なかった。

アウディーイウカ陥落以降、戦場においてロシア軍の優勢が続いた。4月以降、アメリカの武器支援は再開したが、半年間支援の停滞が続いたため、戦局がロシアに有利になった。

ウクライナ軍は武器不足のためにロシア軍に大きな損害を与えることができず、一方、各方面のロシア軍の攻勢は軌道に乗った。ウクライナは武器不足を兵士に血肉で補うしか選択肢がなく、大きな損害を被った。

だから、支援が再開した4月以降でも、ウクライナ軍は劣勢を挽回できなかった。半年間の支援停滞により作られた劣勢状態は、より本格的な武器支援を必要とした。だが、アメリカをはじめとする自由民主主義諸国はそれに踏み切れなかった。

もう一つ、２０２４年にロシアが優勢を保った要素は、誘導爆弾である。ロシアは、旧ソ連時代から大量に保持している誘導爆弾の改良に成功し、爆弾の射程距離を数十キロメートルまで伸ばすことができた。通常、敵に爆弾を落とすには、爆撃機が敵陣の近くまで行かなければならない。そうなると、爆撃機は敵の防空装備の的となり、撃墜される可能性が出てくる。

だが、敵陣から数十キロメートル離れたところから爆弾を落とせれば、爆撃機が撃墜される可能性は低い。ウクライナ軍は射程距離の長い防空装備が不足しているため、ロシア軍の爆撃機はほぼ安全地帯から、ウクライナ軍を破壊力の強い爆弾で攻撃できる。この誘導爆弾による被害は大きく、ロシア軍の優勢に貢献している。

ウクライナ軍総司令官解任の理由

２０２４年２月、最高指揮官であるゼレンスキーは軍の人事を刷新した。軍総司令官のザルジニー、参謀本部長のシャプタラをはじめ、軍幹部が全面的に入れ替わった。

もちろんゼレンスキーは、より相応しい人事にするためだと言っていたが、これは明らかに表の理由だ。ザルジニーとそのチームの能力はすでに実戦で証明されていた。彼の戦況分析能力は、彼が西側メディアのために書いた記事からも明らかで、能力や効率のいい軍の指揮を考えるなら、ザルジニーの解任は不要だった。

それにもかかわらず、なぜ、解任されたのか。その理由は主に二つある。

一つは、ザルジニーはプロの軍人として、常に軍事合理性の観点で最適な作戦を考えていた。一方、人気や支持率を気にしているゼレンスキーは、軍事合理性ではなく、政治的に評価されるような作戦を求めていた。

２０２３年の段階で戦況の厳しさにより早く気づいたザルジニーは、それをメディアなどを通して明らかにした。だが、国際社会と国内の反転攻勢への楽観論に迎合するゼレンスキーは、非合理的な行動を求めた。結果は、ザルジニーの言う通りになった。ゼレンスキーにとって、言うことを聞かない総司令官は目障りな存在となった。

もう一つは、ゼレンスキーはザルジニーの国民的な人気を懸念していた。どの世論調査でも、ザルジニーは国民の9割に信頼されていたが、ゼレンスキーの支持率はその人気に及ばなかった。このまま行けば、終戦後にもし選挙を実施すれば、ザルジニーはゼレンスキーに簡単に勝てるだろう。

だから、ゼレンスキーは今のうちに人気の司令官を解任し、自分に忠実な人間を軍のトップにしたのだ。そして、ザルジニーを情報空間から消すために、彼を駐イギリス大使に任命した。ウクライナにいなければ、国民はいずれザルジニーを忘れると見たからだろう。

ロシア軍のハルキウ州北部侵攻

5月にロシア軍は、ハルキウ州の北部から新たにウクライナ領土に侵攻した。2022年9月のハルキウ州東部の解放以降、戦闘はウクライナの南東部に集中され、北部のウクライナとロシアの国境では大きな戦闘はなかった。撃ち合いや小部隊の侵入はあったが、地上部隊による領土制圧はなかった。しかし、ロシアの狙いはウクライナの南東部ではなく全土の制圧だから、当然北部の国境をロシアが侵さない理由は一つもない。

ロシア軍は数万人の兵力でハルキウ州北部に侵攻して国境地帯を占領した。この方面の戦況はそれまでしばらく落ち着いていたため、ウクライナ軍は十分な兵力を配置しておらず、侵攻を許してしまった。

しかし、ウクライナ軍は早い段階で対応した。ロシア軍を国境まで押し返すことができなかったものの、占領地拡大を阻止し、戦線を安定化させた。ロシア軍をハルキウ市に近づかせなかった。それ以降、本書が執筆されている時点まで、ハルキウ州北部では一進一退の戦いが続いている。

ウクライナ軍の人員不足

2024年に入ると、ウクライナ軍で人員不足が目立つようになった。それまで、主に志願に頼っていたウクライナ軍だったが、兵士が足りなくなった。自分の意思で軍に志願する人は、当然限られている。日々の戦いで死傷者は常に出るので、最初から志願で入隊した人は次第に少なくなっていく。その補充を動員で行わなければならない。

どの時代、どの国でも、戦争に行きたくない人はたくさんいる。だから、ある段階で動員を強制的に行わなければならない場合が多い。拒否している人を強制的に軍に連行するケースも出てくる。政府は、軍に入りたくない一般人の不満を理解しつつも兵力を補充しなければならないという状況で、難しいバランスを取りながら動員を進めていく必要が生じる。

こうした兵員不足と強制動員に対する不満、強制連行のケースなどは、新たな反ウクライナプロパガンダに利用された。例えば、「ウクライナ人は戦争に行きたくないのに、なぜ戦争を続けるのか。停戦しろ」といった主張だ。だが、これは被害者と加害者を逆にする印象操作である。強制動員をしなければならない理由はロシアによる侵略だ。ロシアの侵略がなければ、このような状況は起きなかった。

そもそも、人が足りないという理由でウクライナは停戦できるのか。繰り返しになるが、もしウクライナの判断で停戦できるものなら、とっくに停戦している。ロシアが停戦に応じないため、戦争がずっと続いているので、ウクライナは兵が足りなくても戦わざるを得ないし、民間人の不満があっても動員を続けなければならない。

もちろん、軍に行きたくないと動員を拒否している民間人の心境は理解できる。誰も死にたくないし、誰も劣悪な戦地の環境に身を投じたくない。しかし、もしウクライナ軍が敗戦し、ウクライナがロシア軍に占領されれば、今動員を拒否している一般人も含めてロシア人に虐殺される可能性が高い。だから、ウクライナに「降伏」という選択肢はない。国民の不満は続くだろうが、ロシアが侵略を続けている間は、ウクライナ政府は動員を続けるしかないのである。

「ウクライナ人は戦いを嫌がって動員を拒否しているので、ウクライナに武器を提供する意味がない」というプロパガンダもあるが、これは完全におかしな主張だ。

大規模戦争が起きたら、動員拒否や動員逃れが起きるのは普通で、それはウクライナだからそうなったのではない。同じ状況に置かれたら、どの国でも同じ現象が起きる。もしウクライナが一人も戦わないなら、まだこの主張はわからなくもないが、実際に多くのウクライナ人が戦い続け、武器を必要としている。

さらに言うと、本格的な大規模な武器提供は、ある程度人員不足の問題を緩和できる。ロシア軍の装備を性能ではるかに上回る最新兵器を手に入れれば、多少人数は少なくなってもロシア軍を効率よく叩くことができる。だから、人数不足で困っているウクライナ軍に最新兵器を送ることは、矛盾ではなく、解決方法なのだ。

ロシアの「ゴキブリ戦法」

春以降、ドンバスにおけるロシア軍の攻勢は続き、少しずつ占領地を拡大していった。ウクライナ軍の人数不足、兵器不足を利用して、ロシア軍はドンバスに大量に軍を集中して、攻撃を続けた。

ロシア軍の作戦は、空から誘導爆弾を落とし、地上で歩兵を大量に使う。ロシア軍は人海戦術を使い続けているが、人海戦術の使い方が賢くなった。通常の人海戦術は一気に大人数で攻めるが、歩兵は狭い面積で集中すると防衛側からは潰しやすい面もある。だから、ロシア軍は大人数を小部隊に分けて、少し間を空けて攻撃する。もちろん、最初に来る小部隊は全滅する。しかし、いくら叩いても次の部隊が来る。一気に大量に来たら、砲撃やミサイルなどでまとめて処理できるが、小部隊に分かれていたらそれがやりにくく、どうしても銃撃戦になってしまう。そして、いくら叩いてもすぐ次の部隊が来る。筆者はこれを「ゴキブリ戦法」と呼んでいる。

もちろん、ロシア側もこの戦法を使うことで、損害は前年のバフムトの戦いを上回った。２０２４年秋には、ロシア軍の１日の平均損失はこの戦争において最高になっている。それでも、人命の価値の軽いロシア軍は躊躇なくこの非人道的な戦法を使い続けている。

F-16がウクライナに到着

ロシアの誘導爆弾と地上での「ゴキブリ戦法」に対抗するには、もちろんウクライナ軍も人数を増やさなければならないが、装備の強化も必要だ。まず、誘導爆弾に対応するには、ロシアの爆撃機を撃墜しなければならない。そのために、ウクライナ軍には戦闘機と空対空ミサイルが必要だ。

最初のF-16は当初の予定を大幅に遅れ、8月にウクライナに到着した。F-16の提供は開戦当初に行うべきだったので、これほど遅れた自由民主主義諸国は批判されて当然だ。とはいえ、これでようやく誘導爆弾の問題をはじめ、全体的にロシア軍の航空優勢を克服できるだろう……と思われた。

だが、2024年にはまったくそうならなかった。なぜなら、ウクライナに届いた数は非常に少なく、10機あるかないかの程度だったからだ。いくら強力な兵器でも10機程度では戦況に影響を及ぼすことはできない。そして、本書が執筆された時点では、追加提供の話はまったくない。

F-16だけではない。すでに決定された支援でも、すべてが予定通りに届かず、ウクライナ軍の武器、弾薬不足は完全に解消されなかった。この状態でロシア軍の「ゴキブリ戦法」を止めるのは至難の業だ。

ロシア・クルスク州への越境攻撃

そのような状態で、ウクライナ軍は8月にロシアのクルスク州への越境作戦を決行した。ウクライナ軍は地方都市のスジャをはじめ、約1000平方キロメートルの領土を制圧した。ロシア軍は、このような作戦をまったく想定しなかったため、ウクライナ軍の越境を止めることができなかった。

ロシア軍の戦闘能力のある部隊はすべてウクライナに入っていたため、ロシアはウクライナ軍を止めるために、慌ててロシア各地から残りの戦える兵をかき集めた。ウクライナ戦線で比較的落ち着いている方面からも一部の部隊を移動させた。さらに、北朝鮮兵もクルスク州の戦いに参加している。北朝鮮については後で詳しく述べる。

ロシア軍による反撃は9月から始まったが、本書が執筆されている時点で、ロシア軍はまだこの土地を奪還していない。

被害者のウクライナが、侵略者であるロシア領土へ逆侵攻した理由は何だろうか。まず考えられるのは、ロシアが核兵器の使用など、今までしなかったようなとんでもないことをしないという事実を西側諸国に証明するためである。

もう一つは、そもそもロシアは思われているほど強くないということを世界に示すことだ。戦争でロシアは一方的に攻めており、ウクライナ軍が押されているということから、ロシア軍が強い、無敵なのではないかという印象を受ける人が多い。しかし、実際はそうではない。

ウクライナ軍は十分な装備を与えられず、提供された武器でも使用が制限され、全力を発揮できない状況だ。だが、それでも本書が執筆された時点で、ウクライナ軍はまだクルスク州の一部を維持している。つまり、ロシア軍には予備兵力はあまりなく、1か所で攻勢を続けることで精一杯であり、複数の方面で同時に大規模な攻勢を実施する力がないということだ。

ウクライナ軍のクルスク州攻撃は、当然、純粋な軍事戦術の狙いもあった。ロシア領土に攻撃することで、ロシア軍の一部をウクライナから移動させ、ウクライナへの攻勢を緩めることも期待された。だが、現時点でその効果はあまり得られていない。つまり、ロシアにとって、他国軍の侵入を防ぐより、他国の領土を占領する方が優先事項だということである。

ところで、このクルスク州への越境作戦の軍事的合理性について、例えば、東京外国語大学教授の篠田英朗は、自身のXのポストや「現代ビジネス」などで疑問を呈している。

だが、この方面でロシア軍は迎撃態勢を整えなかったため、作戦初期にロシア軍の損害は大きかった。戦争においては、敵により大きな損害を与えることが重要だ。クルスク方面で、ロシア軍とウクライナ軍の損失の差は、ドンバス方面でのそれより大きかった。つまり、ウクライナ軍は少ない損害でロシア軍に大きな損失を与えることができた。

また、多くのロシア兵を捕虜に取ることができたので、捕虜交換の材料を手に入れたという戦果もあった。もちろん、クルスク州越境作戦の総合評価は時間と共に明確になるが、少なくとも本書が執筆された時点では、作戦を実行する価値があったと思う。

クルスク州作戦と同じ頃、ロシア軍はドンバス方面への攻勢を続け、占領地を拡大していった。ウクライナ軍は人員、武器不足と武器使用制限のため劣勢が続き、ロシア軍は多くの集落やいくつかの地方都市を占領した。要衝のポクロウシクは陥落の危機が迫っている。

米大統領戦でトランプ当選の影響

11月にアメリカ大統領選挙でドナルド・トランプが当選した。彼は、就任した後、ロシアとの停戦交渉を行うと推定されていた。一部の専門家の意見では、停戦交渉の時、よりロシアに有利な条件をトランプに呑ませるために、プーチンが戦果を急いでいたのではないか、ということだった。

一方のバイデン大統領だが、大統領選の敗戦後、アメリカのミサイルによるロシア国内への攻撃を部分的に認めたという報道が出てきた。この判断は非常に遅く、また全面解禁ではないことが残念だが、少し前進したと言える。とは言え、トランプが大統領に就任した後、ウクライナ支援をいつまで続けるかわからないので、やはりバイデン大統領の判断がここまで遅れたことは、大きな失敗である。

２０２４年の戦況を総合的に振り返ると、自由民主主義諸国の優柔不断な態度やロシアに対する根拠のない恐れのせいで、ロシアの優勢が続いた年となった。もちろん、人員不足というウクライナ側の問題もあったが、武器不足がなければ、そもそもウクライナ軍の損害も抑えられたので、より多くの戦闘可能な兵が残っただろう。

さらに、強い武器が十分にあれば、少ない人数でもロシア軍に大きな打撃を与えることが可能だっただろう。つまり、この年は自由民主主義諸国の決断力のなさのため、ロシアに勝つチャンスを逃した3年目となった。これから、さらに自由民主主義諸国の決断力が求められる。

文化の「脱ロシア化」の進展

本節の最後に、この戦争がウクライナ国内に与えた影響について述べておきたい。人的被害や経済、インフラへの被害は目に見えるので、ここでは改めて語らない。この戦争は同時に、ウクライナ人の精神に大きな変化をもたらした。

今回の全面戦争の前までは、多くのウクライナ人はロシアとの和平と共存が可能だと思い、完全な脱ロシア化が進まなかった。だが、全面戦争でようやくこのプロセスが本格化した。

ロシアやロシア人に因む地名などが改名され、ロシア近代文学の父と呼ばれるロシアの国民詩人プーシキンなどロシアに関わる歴史的な人物の記念碑や銅像の撤去も行われた。今のウクライナでは「プーシキンがいるところに、プーチンも来る」という表現がある。つまり、ロシアの文化人が慕われている地域を、ロシアは自分のものだと勘違いして侵略してくるということだ。

そしてウクライナでは、ロシア語や特にロシアの文化に対する拒否反応が広まっている。ロシアを連想するような社会風習も、次第に廃れていっている。

また、国民生活に染みついている宗教的な伝統にも変化がある。正教会の国であるウクライナで、教会はユリウス暦を使っていた。ロシア革命で、世俗の社会がグレゴリオ暦に変更した後でも宗教行事だけはユリウス暦で行われた。だから、降誕祭（俗に言うクリスマス）は、グレゴリオ暦では1月7日に当たっていた。ロシアでは世俗世界はグレゴリオ暦を使い、ロシア正教会はユリウス暦を使っているが、ウクライナも長年、それに追随していた。

だが、全面戦争により2023年、ウクライナ正教会はユリウス暦から修正ユリウス暦に変えた。修正ユリウス暦では降誕祭はグレゴリオ暦と重なるので、12月25日に祝うことになった。

さらには、ロシア寄り、ロシアに配慮するような言説が社会的に受け入れられなくなった。裁判所で親露と認定された政治団体には、解散命令が下される。教育課程において、ロシアの文化を扱う時間は大幅に減った。ウクライナ人とロシア人の亀裂は、修復不可能なレベルまで広がったと言っていいだろう。

このような脱ロシア化は、本来、独立した1991年に始めるべきだった。もしくは、どんなに遅くても、2014年のクリミア強奪と東部侵略の直後に実現すべきだった。しかし、ウクライナは大国ロシアに通算330年間も支配されていた。その間、ロシアの常識、文化、社会風習などがウクライナ国民に深く染みついており、脱却するのは本当に至難の業だった。

今回の全面戦争で、ウクライナはやっとロシアからの精神的脱却に舵を切った。この戦争のおかげで、アイデンティティが曖昧だった多くのウクライナ人は、明確に自分をウクライナ人として認識するようになった。また、多くのウクライナ人はロシアやその文化を、ウクライナより優れていると見ていたが、全面戦争のためにそれもなくなった。この戦争によって、ウクライナ人は明確なアイデンティティを持つ、愛国心の強い近代的な民族となった。

第5節　北朝鮮参戦の衝撃

国際社会に存在感を示した北朝鮮

今回の戦争によって、北朝鮮は国際社会における存在感を示し、国際的な立場は上昇している。ご承知のように、北朝鮮は国連から制裁を受けて国際社会から孤立していた。しかし、この戦争は北朝鮮に大きなチャンスをもたらした。

形式上の中立を保っている中国とは異なり、北朝鮮は明確にロシアの侵略を全面的に支持した。最初はただの立場表明に過ぎないと思われていたが、２０２３年9月に露朝首脳会談が実施され、それ以降、密接に協力している。

ロシアは大規模な戦争のため、武器や弾薬の不足に陥っている。国際制裁を受け、武器製造に必要な部品や材料の調達が遅くなっており、戦争で消費される武器や弾薬を国内製造だけで補うのが難しくなっている。

北朝鮮は、昔から大規模な軍隊を持ち、武器や弾薬を製造して溜めてきた。そこで北朝鮮は２０２３年秋からロシアに武器と弾薬の提供を始めた。一部の報道によると、北朝鮮の武器製造の工場はフル稼働している。

その代わりに、ロシアは北朝鮮に食糧とミサイルの技術を提供している。これは正にウィン・ウィンの関係だ。北朝鮮は使い道のない弾薬をロシアに送る代わりに食糧問題を緩和でき、そして喉から手が出るほど欲しいミサイル技術が手に入る。一方、ロシアは弾薬不足を緩和できる。

北朝鮮の砲弾の質について、疑問の声を聞くことがあるが、質に問題があっても弾薬がないよりはマシなので、ロシアはかなり助かっている。そもそも、北朝鮮の武器や弾薬は元々ソ連の技術で作っているものだから、ロシアの武器との互換性が高い。

さらに、２０２４年６月にプーチンの北朝鮮訪問の際、露朝戦略的パートナーシップ条約が締結された。その第４条には、もし一方の当事国が、いかなる国または複数の国から武力攻撃を受けて戦争状態に陥った場合は、他方の当事国は遅滞なく利用可能な軍事および他の支援を提供すると定められている。他にも、露朝の各分野における協力や外交的な連帯も定められている。

北朝鮮軍の参戦

この条約に基づいて、2024年10月に北朝鮮はロシアに部隊を送り、参戦した。ロシアのように全兵力を投入しているわけではなく、限定的な参戦だという指摘もあるが、国家の決定によって派兵された正規軍がウクライナとの戦争に参加しているので、これは間違いなく参戦であり、北朝鮮はロシアと同じ侵略国家となった。

露朝条約と露朝による対ウクライナ侵略は独裁国家のさらなる結束を意味している。露朝協力の重要なポイントは、どちらも被制裁国だということだ。つまり、お互いすでに相当な制裁を受けているので、相手国に協力してもこれ以上制裁を恐れる必要がない。むしろ、助け合うことによる利益の方が断然大きい。

北朝鮮はロシアに恩を売ることで、独裁陣営の中で自身の立場を上昇させた。ロシアにとってはもちろん、表向きロシアを支援できない中国にとっても、北朝鮮はより重要な存在になった。中国はロシアを支援したいが、表立ってはできない。ロシアの敗北を避けたい中国にとっては、北朝鮮が非常に都合のいい役割を果たしている。

北朝鮮の戦闘能力の向上

また、この戦争は北朝鮮の武器産業の活性化と能力の上昇の機会でもある。ロシアに提供することによって、北朝鮮の武器が実戦に使われるので、当然、その性能に関するデータが取れる。そうなると、改善点も見えてくるので、これから北朝鮮が製造する武器の能力が上がる可能性がある。これは砲弾や大砲、そして車両についても言えることだが、最も重要なのはミサイルだ。

ロシアは対ウクライナ侵略で北朝鮮のミサイルを使用している。これによって、北朝鮮は自身のミサイルはどれほど正確に命中するのか、敵軍や民間人にどれほどの損害を与えられるのか、実戦で確認できる。そして、ロシアからの技術でミサイルの能力を向上できる。

武器能力の向上と共に、この戦争は北朝鮮にとって武器を売り込む機会でもある。北朝鮮製の武器を実戦に使うことで、その能力を世界に示すことができる。

もちろん、自由民主主義陣営は買わないし、財政に余裕がある国も北朝鮮の武器を買わないだろう。だが、武器を必要としている貧困国は関心を持つのではないだろうか。ある程度の能力があり、実戦でも使われている北朝鮮の武器は、価格と質のバランスが良さそうな商品となるだろう。

武器産業と共に、兵士の能力の上昇も見込まれる。北朝鮮の参戦が拡大すれば、多くの北朝鮮兵が現代戦を経験することになる。元々弱く能力の低い北朝鮮兵は大量の戦死者を出すだろうが、生き残り帰国する兵士もいるだろう。朝鮮戦争休戦以来、70年以上、戦争から遠ざかっている北朝鮮にとって、実戦経験を積んだ兵士や指揮官は、北朝鮮の軍事力強化に大いに貢献するはずだ。

北朝鮮は「国家の成功モデル」になれるか

もっと危険なことがある。それは、北朝鮮の国家体制が正解だったという勘違いが広まることだ。

これまで、自由民主主義諸国の間だけではなくグローバルサウスにおいても、北朝鮮がおかしい国だということは共通認識だった。国民に自由のない、独裁国家だった。

対照的にウクライナは、汚職など多くの問題を抱えつつ、それでも国民に自由を与え、民主主義体制を取り、核兵器を放棄し、平和国家路線を進んでいた。

だが、ウクライナと北朝鮮のどちらが正しかったのだろうか。

核兵器を放棄したウクライナと核兵器を手に入れた北朝鮮。

軍縮路線を取ったウクライナと軍国主義をずっと続けている北朝鮮。

国民に自由を味わわせ、軍への動員に苦労しているウクライナと、国家の指示ですぐ全国民を軍役につけられる北朝鮮、戦乱に陥った世界において、どちらが生き残る可能性が高いのか。

平時が続く前提なら、自由がある方が幸せだろう。だが、もし世界が戦乱に陥り、いつ戦争に巻き込まれてもおかしくない時代が訪れたら、北朝鮮のような全体主義体制の方が、国家存続を考える上で合理的に見える可能性がある。

同盟関係においても同じことが言えなくはない。自由民主主義諸国は、ウクライナに武器を提供しているが、遅れは顕著だ。２０２３年の間に、欧州連合がウクライナに１００万発の砲弾を提供すると約束したが、実際に提供できたのはその約3割程度だ。それに対して、ロシアと北朝鮮が軍事協力を決めてから、北朝鮮は数か月のうちにロシアに約１００万発の砲弾を提供したと報道されている。

また、自由民主主義諸国は、ウクライナにミサイルを提供する時に厳しい射程距離の制限を設定しており、射程距離３００キロメートルを超えたミサイルを提供しない。そして、ロシアの領土を攻撃することを制限している。

一方、ロシアがウクライナ攻撃で使っている北朝鮮のミサイルの射程距離は、約９００キロメートルと報道されている。当然、何の制限もない。

さらに、現時点で自由民主主義諸国では、ウクライナへの派兵は絶対あり得ない、もってのほか、とされている。ウクライナに派兵すべきだという常識的な意見を述べる人はごく少数だ。一方、北朝鮮は、すでに派兵して参戦している。

つまり、北朝鮮は戦乱の世の中を生き抜く国家体制を取っているだけでなく、自由民主主義諸国と違って、同盟国までしっかり支えることができるのだ。

自由や民主主義、基本的人権の尊重といった価値観で生きている我々にとって、北朝鮮の行為が犯罪であることは一目瞭然だ。しかし、いわゆるグローバルサウス諸国はどうか。自由と民主主義の価値観を共有していないアジア、アフリカ、中南米諸国には、自由民主主義国よりも北朝鮮のような全体主義国家の方が、成功のモデルに見えないか。

ロシアと北朝鮮の極東での影響力拡大

露朝条約と北朝鮮の参戦は、戦争の拡大や国際化の布石という可能性もある。条約は相互的なものである。もし北朝鮮が戦争を起こした場合、今度はロシアがそれを支援し、参戦する可能性もある。

ロシアのメディアでは、「北朝鮮はロシアの核の傘に入った」という主張を見かける。それは何を意味するのか。もし、露朝がウクライナでの戦争に勝利し、ウクライナを征服すれば、今度は一緒に朝鮮半島で戦争を起こすかもしれない。

例えば、北朝鮮が韓国に侵攻した場合、韓国と同盟国のアメリカはどう動くのか。ロシアは、北朝鮮の領土に反撃したら参戦する、もしくは核兵器を使うという脅しも可能だ。アメリカはこの脅しに屈するのか。それとも北朝鮮に反撃するのか。

あるいは最初からロシア軍が北朝鮮と共に韓国に侵攻する可能性もある。この場合、韓国は露朝の侵略を撃退できるか。アメリカは動くのか。大いに疑問だ。

今回の戦争は、北朝鮮の国家体制は正解だったという誤ったメッセージを世界に送りかねない。そして、朝鮮有事をはじめ、東アジアの戦乱の前触れになる可能性もある。だから、世界の全体主義化と戦争の拡大を防ぐという意味でも、北朝鮮に支えられているロシアの侵略を撃退しなければならないのである。

第2章

ロシア人の飽くなき領土拡大への欲求

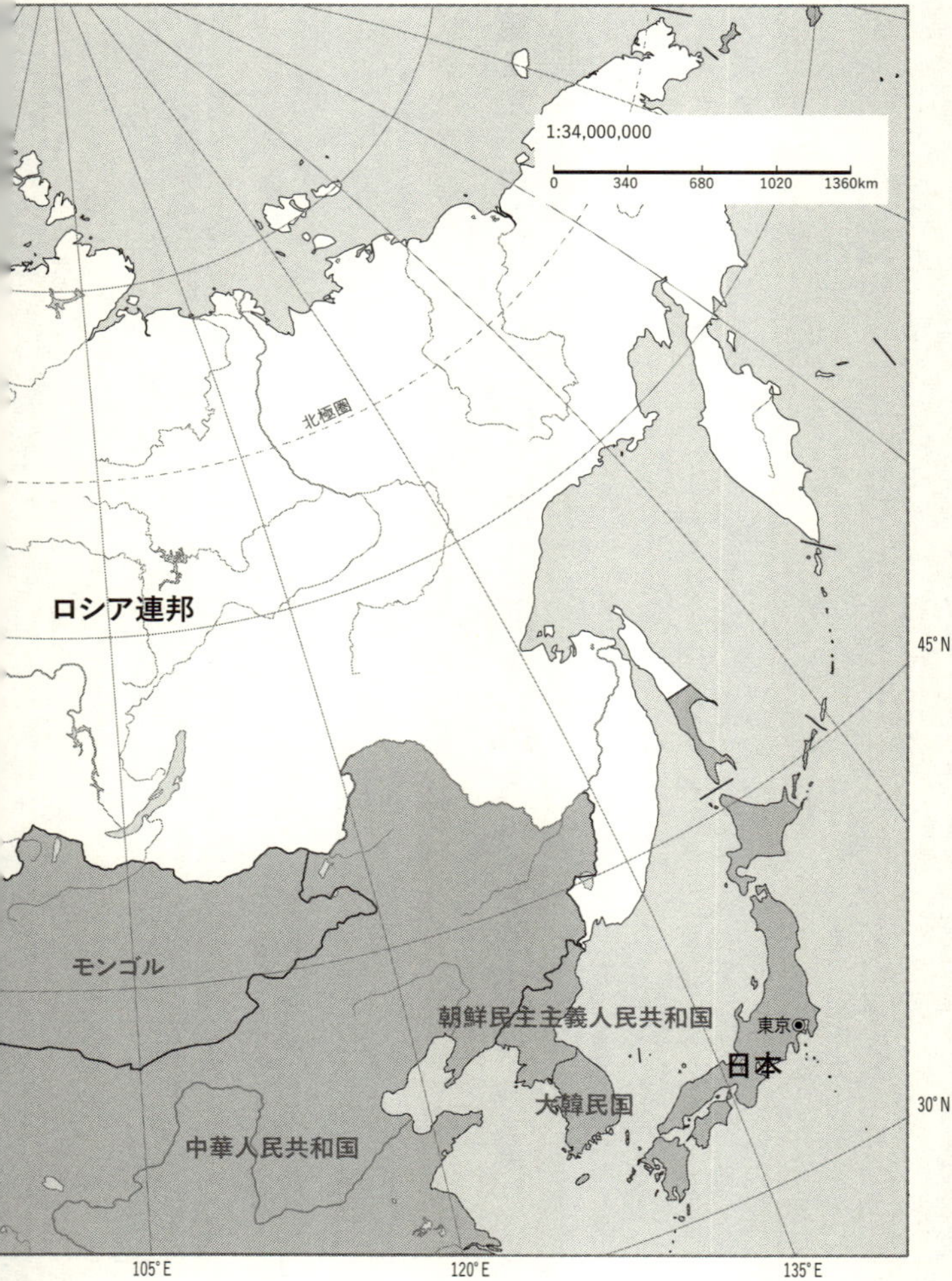
1:34,000,000
0
340
680
1020
1360km
北極圏
ロシア連邦
45° N
モンゴル
朝鮮民主主義人民共和国
東京
日本
大韓民国
30° N
中華人民共和国
105° E
120° E
135° E

図8　旧ソビエト連邦

ベルギー
オランダ
デンマーク
ノルウェー
スウェーデン
ドイツ
フィンランド
チェコ
ロシア連邦
ポーランド
リトアニア
エストニア
ラトビア
スロバキア
ベラルーシ
ルーマニア
モスクワ
45°N
モルドバ
ウクライナ
グルジア
(現ジョージア)
トルコ
アルメニア
アゼルバイジャン
カザフスタン
トルクメニスタン
ウズベキスタン
30°N
イラン
キルギス
タジキスタン
アフガニスタン
パキスタン
60°E
75°E
90°E

第1節　ロシア人はこの戦争を待ち望んでいた

プーチンを支持するロシア国民

ロシアによるウクライナ侵略について、多くの人はいまだに、プーチン、もしくはロシアの諜報機関を中心とした独裁体制のせいだと考えている。

筆者もよく、「この戦争はプーチンが起こした」「プーチンさえいなくなれば戦争が終わる」「一人の狂人が多くの人を不幸にした」といった話を聞く。また「独裁体制が打倒され、ロシアが民主化すれば戦争が終わる」と言う人もいる。

だが、このように考えてしまうとロシアを見誤る。

たしかに今回の戦争の要因の一つは、プーチンという独裁者の世界観であることは間違いない。プーチン自身は、ソ連崩壊が間違いだったと思い、征服を繰り返すことで世界大国を作りたがっている。彼の理想はヤルタ体制の復活で、ソ連全盛期と同じ領土（**図8**）と勢力圏を持つことだ。

ＫＧＢ（ソ連国家保安委員会）をはじめとする旧ソ連の諜報機関は、帝国主義と拡張主義の巣窟だった。諜報機関出身者は皆、帝国主義者で、領土や勢力圏を広げるために手段を選ばない。だから、ＫＧＢ出身のプーチンはもちろん、今の諜報機関を中心とした指導体制は、同じ帝国主義の世界観を持つ人間から成り立っている。

しかし、ロシアの帝国主義は、指導層の世界観だけに由来するものではない。根底にあるのは、ロシア国民の考え方だ。一般のロシア国民の圧倒的多数が、ロシア指導層と同じ帝国主義的な考え方を持っているのである。

なぜそれを言えるのか。ロシアにおけるプーチンの支持率を見ると、常に高い数字だが、支持率が特に上がる時期がある。１回目は、２０１４年にロシアがクリミア半島を併合してからである。そして2回目は、２０２２年にロシアがウクライナに対して全面侵略を起こしてからである。このことから、ロシアでプーチンを基本的に支持していない人でも、領土拡張を支持していることがわかる。

独裁国家ロシアにおける世論調査に疑問を持つ人もいるだろう。だが、ロシアがやや民主的で、テレビに言論の自由が存在し、比較的公正な選挙が行われていた１９９０年代の選挙結果を見れば、ロシア国民の本性がわかる。

その頃行われた１９９３年、９５年、９９年の下院議員選挙の結果を見ると、毎回、自由や民主主義思考の政党が少数派で、帝国主義や領土拡張を目指す政党が多数派だった。

例えば1993年の選挙では、プーチンよりはるかに過激な主張で有名だったウラジーミル・ジリノフスキー率いるロシア自由民主党が1位だった。また、1995年と99年の選挙では、ソ連共産党の後継政党であるロシア共産党が1位だった。

1996年の大統領選挙では、エリツィン大統領が共産党の候補ジュガーノフにかろうじて勝ったが、その時点でエリツィンはチェチェン戦争をはじめ、旧ソ連圏でいくつかの戦争を起こしていたので、決して民主主義思考の指導者ではなかった。帝国主義的思考を持ち、領土拡張を目指していた二人が競った選挙で、民主主義的思考の候補は最初から勝ち目がなかった。

このように、1990年代のロシア人はメディアで帝国主義的な意見と民主主義的な意見を聞き、自分の意思で指導者を選ぶことができた。そして、ロシア人は自分たちの意思で帝国主義者の方を支持していた。

しかも、民主主義的思考の候補者と帝国主義的思考の候補者が競って、帝国主義者が勝ったのではない。民主主義的思考の候補者はそもそも支持率が低くて相手にならず、毎回、立場の違う帝国主義者同士が競う状態だった。これが民主主義時代のロシアの現実だ。

プーチンが指導者になってから、次第に自由が制限され、独裁体制が確立した。独裁体制の確立に対して反発していたロシア人はごく少数で、多数派がそれを容認していた。200

8年の対ジョージア侵略も、ロシア人の圧倒的多数は絶賛していた。権力者側と国民側は、独裁体制の構築において一体だった。権力者が一方的に国民に独裁体制を押しつけたものではなかった。

２０１４年のウクライナの領土強奪は、ロシア人にこの上ない喜びを与えた。ロシア国民の野望がむき出しになり、愛国的な気分が全国を覆った。

しかし、この喜びの気分は長く続かなかった。クリミア強奪を実現したロシア人は、さらなる領土拡大を望んだが、ウクライナの抵抗のため、領土拡大が限定的だったからだ。

２０１４年以降、ロシアは政治的な謀略などでウクライナを乗っ取ろうとしていたが、成功しなかった。ロシア人の多くは、プーチンの中途半端な措置に苛立ち、支持率が減り始めた。そして２０２２年、ロシアはついにウクライナに全面侵攻した。プーチンの支持率は再び最高水準となった。

もし、自国が大きな損害を受けることなく領土を拡大できるのなら、それが国民に支持されるのはわからなくもない。ところが、ロシアによるウクライナ侵略では、ロシアも多大な損害を被っている。この戦争で、どんなに少なく見積もっても、既に20万人以上のロシア人が死亡している。負傷者はその数倍だ。大量動員で、多くのロシア人は戦争に行かされている。ロシア兵にも家族や友人もいるはずだ。ロシア国内もウクライナから攻撃を受けている。

そして、経済制裁などで、ロシア人の生活は戦前より窮屈になっているはずだ。

しかし、大規模な反戦運動は今のところ起きていない。いくつかの少数派の反戦デモがあったが、すぐ治安部隊に鎮圧された。一部の人はロシアを脱出したが、それもやはり少数派だ。むしろその脱出によって、ロシア国内から不満を持つ分子がいなくなり、さらに政府と国民の一体感が高まった。ロシア軍への志願者は後を絶たない。

つまり、権力者だけでなくロシア国民も、どんなに被害を被ってもウクライナ征服という目的を諦めるつもりはない。自分たちの生活や命より、大国の復活という「崇高な理念」の実現が大事だということだ。

ロシア人はソ連崩壊の頃から一貫して、「ロシア人とウクライナ人は同じ民族だ」「もう一度一緒になるべきだ」と言っていた。これは共通認識だった。だから、この戦争はロシア人にとって、「もう一度一緒になる」絶好の機会なのである。ロシア人は最初からウクライナの再統合を求めていた。

ロシア人はソ連崩壊を憂い、領土を取り戻せないロシア政府に対して苛立ちを感じていた。だが、ついにプーチンが長年のロシア人の願いを叶えるべく、ウクライナへ侵攻した。プーチンは決して自分一人の考えで戦争を起こしたのではない。国民感情を踏まえた判断だった。ロシア人にとってこの戦争は、邪悪な勢力から国を守る「祖国防衛戦争」なのである。

もしロシア政府が、まだ戦争を続ける余力があるのに戦争を止めたら、国民の願望を裏切ることになり、支持は急落するだろう。だから、ロシアが止まるのは、戦争を続ける術がなくなった時しかない。

ロシア人はプロパガンダに煽動されているのか

ロシア人がプロパガンダに騙されているという意見もある。ロシアの国営テレビが常に嘘を流して民族の対立や戦争を煽動しているので、ロシア人が騙されているというのだが、これも間違いだ。むしろ逆で、ロシア人が求めている論調をロシアの国営テレビが流しているのだ。

先述したように、１９９０年代、今のような国営プロパガンダ放送がなく、普通に自由や民主主義の論調のメディアが全国で放送されていた時でも、ロシア人は帝国主義的な政治家に投票し、対外戦争を支持していた。その頃はむしろ、「ロシアのメディアは欧米に乗っ取られている！」と考えるロシア人が多かった。

そして、プーチン政権になり、メディアの論調は帝国主義的になった。ロシア人は「やっとテレビは本当のことを言うようになった」と思った。

そもそも、いくらテレビの論調が統一されていても、インターネットに接続するのは自由だ。民主主義的なロシア語のインターネットメディアはいくらでもある。だから、世界で本当に何が起きているのか、ロシア人は簡単に知ることができる。否、彼らは知っている。ロシア人は本当のことを知りながら、この戦争や帝国主義路線を支持している。最初からそれを望んでいるからだ。

そんなロシア政府のプロパガンダも効かない時はある。例えば、ロシアで年金受給年齢を引き上げた時、ロシアの国営テレビは、それは正しいことだと報道していた。だが、国民の間では不評だった。また、新型コロナウイルス感染症のパンデミックの時、商業施設などに入るにはQRコードが必要だという法律がロシアで採決された。ロシアの国営テレビは、それを評価した。だが、ロシア国民はその法律に反対で、国営テレビの報道に納得しなかった。つまり、いくらロシア国営放送がロシア政府の意向を汲んで報道しても、ロシア人の一般的な感覚と違う場合、ロシア人はそれを信じないのである。

だから、国営テレビが戦争を煽動しているからロシア人が戦争を支持しているのではない。最初から戦争を支持しているのだ。

帝国主義的な国民性

ソ連時代を知る高齢者は帝国主義的思考が強いが、若者は民主主義的思考だから、世代が変わればロシアも変わるという期待を持っている人もいる。だが、これも違う。

たしかに若者では、民主主義的思考の人の比率が、高齢者より高い。しかし、多いといっても少数派だ。若者でも多数派は帝国主義者である。

インターネットを駆使して自由民主主義的思考の人々との交流を持っている若者は、テレビしか見ない高齢者より判断材料が多いにもかかわらず、多数派は帝国主義者だ。若者はすべてをわかった上で、帝国主義を選び、戦争を支持している。どちらが過激かというと、若者の方が過激だ。

ソ連時代を知る高齢者は帝国主義者だが、ソ連は建前上、平和を目指す国家だったから、手段においてまだ穏健な面がある。

それに対して今のロシアは、オブラートに包まれていない、むき出しになった帝国主義国家だ。ロシアの若者は敵に対する虐殺や核攻撃を支持している。だから、世代が変われば、ロシアはさらに過激になることがあっても、穏健になることはない。

以上のように、ロシアの帝国主義路線は指導者の個性によるものではなく、国民の要求によるものである。歴史を振り返れば、この国民性が変わる見込みはない。プーチンの後継の指導者も、国民の要求に基づいて帝国主義路線を続けるだろう。

だから、いつかロシアが変わると期待するのではなく、これからも変わる見込みのないロシアとどう向き合うか、しっかり考えなければならない。

第2節　領土拡大の歴史が作ったアイデンティティ

ロシアの領土拡大の成功体験

それでは、なぜロシア人はそこまで帝国主義と領土拡張に固執するのか。答えはロシアの歴史にある。

現在、世界地図で「ロシア連邦」と言われる地域が一つの色に塗られているが、これは自然にできた国ではない。現在のロシアの先祖だったウラジーミル・スーズダリ公国は小さな国だった。

モンゴル帝国が襲来した13世紀頃、ウラジーミル・スーズダリ公国はその圧倒的な力に抵抗する術がなく、モンゴルの支配を受け入れた。しかし、モンゴルの支配は緩く、モンゴル系国家ジョチ・ウルスに属していたルーシ系の公国は、互いに戦争をしていた。

その中で、ウラジーミル・スーズダリ公国の後継として14世紀からモスクワ公国が台頭し、周辺のルーシ系の公国を征服していく。

15世紀にジョチ・ウルスが弱体化し、完全に独立したモスクワ公国は、周辺のルーシ系の公国と、周辺の異民族を征服する。

モスクワ公国はさらに遠く離れたシベリアの征服を始めた。同時に西へも侵出し、バルト諸民族とベラルーシ、ウクライナも征服された。その後は、極東に手を伸ばし、太平洋まで出た。もちろん、東西だけでなく、南へも侵攻し、コーカサスや中央アジアも征服された。さらに、東西への拡大で、西のポーランドやフィンランドとモルドバ、東では北満州や樺太が征服された。

つまり、ウラジーミル・スーズダリ公国が台頭した12世紀から、ロシア帝国が最大に領土を広げた19世紀の間の約700年間、ロシアはずっと領土を広げ続けたのだ。大局的に見ると、700年間、ロシアは領土拡大しかしていないと言っていいだろう。重要なポイントは、ロシアは700年間、領土拡大をし続けたが、それがほぼ毎回成功していたということだ。

歴史上、多くの国は領土拡大を試みたが、その中で成功することもあれば、失敗することもある。ところがロシアの場合は、周辺に同程度の国力の国がなかったため、毎回他国の征服がうまくいっていた。このためロシア人は、領土拡張はうまくいくものだと思いこんでいる。

このような何百年にもわたる領土拡大の成功体験によって、領土拡大や巨大な領土の保持は、ロシア人のアイデンティティになった。ロシア人は領土拡大や巨大な領土の保持を世界観の基盤にしている。ロシア人の価値観では、巨大な領土は最も誇るべきものだ。世代から世代へと受け継がれているロシア人の文化に、領土拡大の願望と巨大な領土への執着が染みついているのだ。

だが、ロシア人は領土拡大に全力を尽くしているが、獲得した土地の開拓には関心がない。新たに手に入った土地に、インフラを整えようとか、多くの人が住めるようにしようとか、そういったことに興味がない。新たに領土を獲得したら、次にすることは領土の開発ではなく、次の領土を獲得しにいくことなのだ。これがロシアのやり方である。

ロシア人の領土への執着心

領土拡大や巨大な領土の保持に執着するロシア人にとって、領土を失うことは受け入れがたい屈辱だ。ロシア革命後のレーニン政権の政策でそれがよくわかる。本来、共産主義は民族平等、民族自決を謳っており、帝国主義や領土拡大を悪としている。しかし、ロシア革命後、ロシア帝国の崩壊によって独立した諸国は、レーニンが率いるボリシェヴィキ政権によってすぐ征服された。

もし共産主義体制を広めるのが目的なら、ロシア帝国から独立した国を再征服する必要はないはずだ。現地の共産主義者を支援して、共産主義政権を樹立させればいいだけだ。

しかし、ボリシェヴィキは、ウクライナや他の旧ロシア帝国の植民地を武力で制圧し、共産主義政権を樹立した後でも独立を認めなかった。「ソビエト連邦」という形でもう一度すべての植民地を同じ国にまとめたのだ。だから、地図を見れば、ロシア帝国の領土とソビエト連邦の領土は、ボリシェヴィキの赤軍を撃退できた一部の国を除いてほぼ同じである。

つまり、ボリシェヴィキは、帝国主義を否定する共産主義を掲げてロシア帝国を倒した後、すぐ帝国主義をやり始めたのである。なぜか。

共産主義者は経済、政治体制、社会体制について、帝政ロシアと考え方が真逆だったが、ロシア人は結局ロシア人だということだ。どのイデオロギーに染まっても、巨大な領土への執着は変わらない。これほどロシア人には領土への執着が染みついているのだ。

ボリシェヴィキの主要人物は、ユダヤ人やジョージア人が多かったではないかという反論も想定される。例えば、レーニンはユダヤ系であり、幹部にもトロツキーら多数のユダヤ人がいた。また、スターリンはジョージア人であった。

だが、個人の民族は問題ではない。ボリシェヴィキのほとんどはロシア帝国に生まれ育ち、その風土、常識、文化、世界観を受け継いでいる。ロシアで生まれ育ったら、民族が違ってもアイデンティティはロシア帝国主義者になる者が多いのである。

だから、1991年にソ連が崩壊した時、ロシア人は自分たちの古来の領土を失ったと思った。ロシア人にとって、一度征服した領土を失うことはまったく許されないことだ。ソ連崩壊によって失われた領土はロシア人にとって大きなトラウマとなった。それを必ず取り戻さなければならないというのが、ロシア人の圧倒的多数の共通認識となった。

ロシア人が「ロシア」という単語を使う時、それは今のロシア連邦という意味ではない。ロシアが最大の領土を持っていた状態を指す言葉だ。少なくとも、ロシア人が使う「ロシア」という単語には、旧ソ連圏は全部入っている。ロシア人からしたら、今の「ロシア連邦」は本来のロシアの「部分」に過ぎない。彼らは、自分たちがそこに押し込められていると考えている。それはロシア人にとって大きな苦痛である。だから、彼らは必ず本来のロシアの領土を取り戻さなければならないと考えている。

結局ロシア人にとって、現在保有している領土で満足して拡張主義をやめることは難しい。それは先祖から受け継いだ世界観、何百年にわたって培ってきた文化、自分たちのアイデンティティそのものを完全に否定することを意味している。ロシア人の圧倒的多数の世界観を根本的にひっくり返すような天変地異が起こらないかぎり、彼らは拡張主義をやめないだろう。

虐殺と民族浄化によって消滅した民族の子孫たち

「ロシアによる領土拡大」とは、土地の獲得のみを意味しない。モスクワを中心とした国が700年の間に行った領土拡張は、ほぼ毎回、征服した国の住民の虐殺や民族浄化を伴っていた。多くの人が殺され、生き残った人はモスクワ人と同化され、自分たちのアイデンティティを忘れさせられていた。そして、何世代かを経れば、征服された民族は完全に消滅し、その子孫は自分のことを普通のモスクワ人として認識するようになった。

現在、ロシアの人口は約1億4000万人だが、その内、約1億1000万人はロシア民族で残りの3000万人は支配されている諸民族とされている。しかし、この1億1000万人のロシア民族は純粋なロシア民族ではない。その多くは、モスクワを中心とした国に征服され、虐殺され、アイデンティティを忘れさせられた民族の子孫なのである。

国家の基本的な要素は国土と国民である。だが、現在ロシアの領土とされている地域の大部分は侵略の繰り返しで獲得した土地であり、ロシア民族とされている人たちの多くは、虐殺と民族浄化によって消滅した民族の子孫である。つまり、ロシアとは、自然に発生した国ではなく、無理矢理作られた人工国家だと言うこともできよう。

モスクワ発祥の残虐な拡張主義や民族浄化の世界観が、次から次へと多くの人を巻き込んで、巨大な化け物になってしまった。そういう意味で、現在ロシア民族とされている人たちも、モスクワ発の残虐な思想の被害者になる。だが、残念ながら彼らは完全にその思想を受け継いでいるので、同情する余地はない。自由の世界に生きている我々は、あの残虐な思想がこれ以上広がらないようにしなければならない。

レーニンとスターリンの評価の違い

ロシア人は独裁者を求めていると言われることがある。たしかにロシアの歴史を振り返ると、いつも独裁者が権力を握るので、そのように見えるかもしれない。しかし、ロシア人による過去の指導者への評価を見ると、彼らは決して「独裁者を求めている」わけではないことが見て取れる。

正確には、ロシア人は独裁者を求めているというよりも、領土拡張を求めている。実際に、領土拡張を実現した指導者はロシア人に支持されてきた。民主的な指導者は領土拡張に向いていないため支持されない。拡張主義を実行するには独裁者でなければならない。だから、結果的に独裁者が支持されてきたのである。

ロシアにおける過去の指導者に対する評価で、この傾向は見えてくる。例えば、ロシア帝国の最後の皇帝だったニコライ2世は、君主制主義者の間ではある程度の人気があるが、ロシア国民からは基本的に不評だ。なぜなら、彼は領土を失った指導者だったからだ。日露戦争で敗北し、その後はロシア革命とロシア帝国の崩壊で領土喪失を起こした。

ただし、彼は自分の意思で領土を放棄したのではなく、失策のために結果的に領土を失ったので、極端に毛嫌いされているわけではない。

最も興味深いのは、ソ連の指導者だったレーニンとスターリンに対する評価の違いだ。レーニンは基本的に支持されているが、彼の政策については賛否両論ある。一方、スターリンは全面的に大絶賛されている。この違いは何か。

レーニンはロシア革命を起こして、ソビエト連邦を作った人物だ。ロシア帝国崩壊によって、多くの民族はいったん独立するが、またすぐレーニン率いるボリシェヴィキに征服されている。つまり、レーニンは領土を失いかけたが、すぐ失敗を是正して、領土を再征服した。だから、どちらかというとロシア人の間で評価がいい。

しかし、レーニンは征服した一部の国を、直接ロシアに併合したのではなく、ソビエト連邦という形でまとめた。実際は完全な併合だったが、形式上、ソビエトは「連邦」だったので、ウクライナなどのソ連の構成共和国は自治権も離脱権も持っているとされた。

だが、その形に過ぎなかった離脱権が、ソ連の共産党体制が揺らいだ時に行使され、構成共和国は独立してしまった。ロシア人からは、この離脱権はレーニンが仕掛けた時限爆弾に見えた。もちろん、レーニン本人にはそのつもりはなく、構成共和国が離脱するなど想定していなかったに違いない。それでも結果的に領土を失ってしまったので、レーニンを評価していないロシア人も一定数いる。

ロシア人の夢はスターリンの「ヤルタ体制」復活

それに対して、スターリンは大絶賛されている。なぜなら、スターリンは世界から恐れられる超大国を作ったからだ。ロシア人から見ると、スターリンの実績はとてつもない。まずは、西ウクライナやモルドバ、バルト3国、アジアのトゥヴァ共和国を丸ごと併合し、第二次世界大戦を経て、ドイツ、フィンランド、日本からも領土を奪った。

領土以上にスターリンが広げたのは、ソ連の勢力圏だ。スターリンは、ロシアが世界の半分を牛耳り、世界の運命を左右できる超大国になるという理想を実現した。赤軍（1946年からソビエト陸軍）は、東欧諸国を占領し、各国に共産主義政権を押しつけ、1989年までは半ば占領状態にした。第二次世界大戦の独ソ戦争での勝利によって、ソ連は超大国としての地位を獲得し、その地位を西側諸国にも認めさせた。1945年2月にクリミア半島のヤルタで行われたヤルタ会談で、世界をそれぞれの勢力圏に分けたヤルタ体制を定めた。

その理想状態が、1991年のソ連崩壊により、崩れてしまった。これはロシア人にとって受け入れられないことなのだ。今のロシア人は、スターリンが獲得した地位をもう一度取り戻すために戦っている。そこには、スターリンが獲得した領土も勢力圏も、そして、世界全体への影響力も含まれている。

ロシア人の目的は「ヤルタ体制の復活」である、というのは比喩ではない。ロシア人はヤルタ会談でスターリンが獲得した地位を取り戻すべきだと本気で思っている。ロシア人からすると、ヤルタ体制で定められた領土も、勢力圏も影響力も、ロシアの当然の権利であり、それがロシアから不当に奪われた、不当に奪われたものを取り戻すのは当たり前、という世界観なのである。

最も嫌われているゴルバチョフとエリツィン

絶賛されているスターリンとは対照的に、次の指導者だったフルシチョフの評価は高くない。フルシチョフは基本的に帝国主義路線を継続したが、新たな領土を獲得せず、さらなる勢力圏の拡大をしなかったからだ。フルシチョフは、トルコの北東部に対する領土主張をやめ、フィンランド国内にあったソ連の軍事基地を閉じた。そして、朝鮮戦争も止め、停戦に応じた。日本に対して、2島返還に応じる姿勢も見せた。アメリカと一触即発となったキューバ危機の際も、最終的に譲った。

フルシチョフは別に他国の主権を尊重して、そうしたわけではない。これらの野望に無理があることに気づき、合理的な判断をしただけだ。しかし、ロシア人から見ると、フルシチョフは腰抜けに見える。無理な野望でも、成功するまで続けよとロシア人は考えている。

次の指導者であるブレジネフについては、評価が中立的だ。大きな野望を掲げなかったが、フルシチョフのように譲ることもなかった。また、プラハの春の弾圧やベトナム戦争での勝利、アフガニスタン侵攻といった、帝国主義や勢力圏維持・拡大につながる行動もあったので、どちらかというとプラスの評価である。

ロシア人に最も嫌われているのは、ゴルバチョフとエリツィンだ。なぜならこの2人はロシア人の認識の中で、スターリンの遺産だったヤルタ体制の崩壊を引き起こした人物だからだ。この2人は、ソ連を崩壊させ巨大な領土を失った悪人としてロシア人に嫌われている。

ゴルバチョフは決して民主的な指導者ではなかった。だから、民主主義を導入するつもりはなかった。しかし、彼はこのままではソ連が行き詰まると思い、限定的な改革（ペレストロイカ）を始めた。

彼は、独裁国家としてのソ連を存続させるつもりだったが、ソ連を発展させるためにある程度の体制緩和を行い、市場経済を導入した。

ところがその緩和は、構成共和国における民族解放運動と共産党内の権力闘争とつながり、体制が揺らいだ。その結果、東欧諸国がソ連の影響下から逃れ、勢力圏が崩壊した。

エリツィンの方が、ある程度の民主主義体制を容認していた。ただし、領土については彼は帝国主義者だった。彼はソ連の構成共和国に自由を与えるつもりはなく、そのままロシアが諸国を支配すべきだと考えていた。

しかし、ゴルバチョフとの権力闘争で、エリツィンはソ連共産党を潰した。結果、ソ連が崩れ、諸共和国が独立した。だから、ロシア人の認識では、エリツィンはソ連を崩壊させた悪人として記憶に残っている。

ゴルバチョフとエリツィンのおかげで、ロシア人は比較的自由な市場経済による恩恵を手に入れた。しかし、ロシア人にとって、それはどうでもいいことだったのだ。

プーチンの歴史的評価

プーチンについては、時期によって支持率が違うが、先述したように、戦争を起こして領土を拡大する時には支持率が上がっている。

後世のロシア人がプーチンを評価するかどうかは、彼が領土拡大に成功するかどうかで決まる。もしロシアがこの戦争に勝ち、ウクライナを征服できれば、プーチンは大絶賛されるだろう。一方で、現時点の占領地だけを手に入れ、ウクライナ全体の征服に失敗すれば、どちらかと言えばプラスという評価だろう。だが、戦争に敗北し、占領地を失えば、無能者として嫌われるのは間違いない。指導者を評価する時のロシア人の唯一の基準は、領土と勢力圏を拡大したか、縮小を許したかだ。

プーチンの次の指導者について、よく議論されているが、肝に銘じなければならないことがある。仮に領土的な野心のない民主的な指導者が現れたとしても、その指導者の掲げる民主体制や他国の主権の尊重は長続きしないということだ。

ロシアの指導者である以上、ロシア人に高く評価されなければ政権は維持できない。どのような人でも、ゴルバチョフやエリツィンのようには嫌われたくない。これは指導者の個性の問題ではない。ロシア人に高く評価されるには、拡張主義をやるしかない。

だから、次の指導者が誰になろうとも、高い支持率を保ち、政権を長続きさせたいなら、結局、拡張主義路線を取らざるを得なくなるということだ。

第3章

裏切られた西側諸国の「ロシア幻想」

中国・ロシアに常任理事国の席を与えたアメリカ

戦後日本は、たまに「お人好し国家」と言われる。その理由として、日本は長年、反日姿勢を取っていた中国や韓国のような国に対して強く抗議をせずに、経済的な支援までしていたことが挙げられる。

しかし、世界最大のお人好し国家は日本ではなく、アメリカ合衆国である。世界一の軍事大国、経済大国、自由民主主義陣営のリーダーが、歴史を振り返れば、お人好し国家としか言いようがない。

「お人好し」と普通の友好は違うものだ。友好国との友好関係、支援、助けは当然なことだから、これについてはお人好しとは言わない。お人好しというのは、その資格のない者に対して優遇することだ。特に20世紀前半のころから、アメリカはお人好し国家の振る舞いを続けている。

ロシア革命の後、ボリシェヴィキ政権の失策によって、ソビエト・ロシアで飢餓が起きた。完全な自業自得だが、アメリカは飢えているロシア人が可哀想だということで、食糧支援を始めたのだ。だが、ボリシェヴィキは外貨を稼ぐために農民から食糧を没収し、それを外国に輸出していたのである。しかもボリシェヴィキ政権は、最初から資本主義の壊滅と世界革命を掲げていた。アメリカの食糧支援は、まさに「敵に塩を送る」行為だった。

１９３０年代になると、スターリンは世界征服のために、ソ連の近代化を図った。次から次へと新しい国を征服するために、近代的な強い軍隊が必要だった。そして、その軍隊を支える重工業が不可欠だった。しかし、当然のことながら、ソ連には重工業を作る財政も人材も技術もなかった。そこでスターリンに協力したのはアメリカだった。アメリカの企業はソ連に投資し、技術者や作業員を大量に送り、ソ連の重工業を発展させた。

ボリシェヴィキはロシア革命で政権を握ったら、すぐに周辺諸国に攻め込んで、多くの国を征服して無理矢理ソ連に入れた。また、スターリンは、世界征服の意図を隠さず、堂々と大規模な戦争の準備をしていた。だから、彼らの本質をアメリカがわからなかったわけがない。彼らは政権を取ってすぐに本性を表している。にもかかわらず、アメリカはこのような化け物を助けて、巨大化に手を貸したのだ。

第二次世界大戦時、アメリカはソ連と戦友になり、対独戦争で全面的に支援した。この支援がなければ、ソ連はおそらく勝てなかっただろう。そして、大戦末期にアメリカはソ連とヤルタ会談を行い、世界の半分をソ連にあげた。

アメリカがソ連に踊らされていたのは周知の事実であり、日米戦争はソ連が仕掛けたことも明らかだ。だから、第二次世界大戦時のアメリカによるソ連の超優遇は、ソ連の謀略の結果だと言える。加えて、アメリカはソ連に踊らされて明らかにおかしいことをやっているということに気付かないほどお人好しだった。

戦後、ソ連はアメリカ自身を脅かす巨大な脅威になった。その時、アメリカはやっとこのままでは危ないと気付き、ソ連を抑止する政策を始めた。これで、お人好しの癖が直ったと思ったら、実はまったく直らなかった。アメリカは、別の敵勢力を優遇の対象にした。それは中国共産党だった。

アメリカは中国と国交を結ぶだけではなく、国連安全保障理事会の常任理事席を中華民国から中華人民共和国に移した。前代未聞の優遇だった。敵勢力に自ら絶大な権力を与えたのだ。その後アメリカは、貿易関係の強化で中国の経済成長を全面的に支援し、中国を経済大国、軍事大国に育て上げた。スターリンのソ連と同じパターンだ。

米中正常化を主導したニクソン大統領、フォード大統領時代の国務長官であるヘンリー・キッシンジャーは、戦略家や外交のプロと言われているが、実際にはこの世界をめちゃくちゃにした最大の罪人だ。中国が世界を脅かす経済大国、軍事大国になったのは、彼のせいだ。彼がやっていたのは、敵を育て、味方を潰し、アメリカの国際的な地位を不利にすることばかりだった。現在、第二次冷戦が起き、再び独裁国家が世界覇権を握ろうとしているのも、キッシンジャーの責任だ。

ソ連末期になると、アメリカはまたロシアに対して友好的になった。そしてソ連が崩壊した後、ロシアに対するお人好し姿勢は完全に復活した。結局、米ソ冷戦でアメリカは何も学ばなかった。ソ連が崩壊したら、アメリカはソ連が持っていた常任理事席をロシアに無条件にあげた。そして、ロシアは法的根拠もなく、常任理事国となった。

アメリカは、国連の安全保障理事会から独裁国家を完全に追放することができた。例えば、中華民国の席をそのままにして、ソ連の席を空席にするか、もしくは旧ソ連の15か国が1年交替で担当する仕組みを作ることができた。もしそうなれば、国連は今のような形骸化した組織ではなく、本当に国際問題を解決できる平和維持の機関になったかもしれない。拒否権を持つ常任理事国を自由民主主義国家だけにするチャンスはあった。しかし、アメリカはわざわざ、二つもの常任理事席を敵側の独裁国家にあげたのだ。

アメリカは、ロシアと中国を支援すれば、それは後にアメリカの得になると思っていたのだろう。友好関係を結ぶことで貿易が盛んになり、アメリカも儲かるという戦略だった。

日本も中国や韓国の理不尽な要求に長年付き合っていたのは、慈善事業のためではなく、日本の利益につながると思っていたからだ。中国や韓国と友好関係を結ぶことで日本が儲かるというのは、戦後日本の対中、対韓外交の方針だった。しかし、それは完全に失敗し、日本はお人好し国家と言われる。

だが、日本がやっていたお人好し外交の拡大版を、アメリカがロシアと中国に対してやっていたわけだ。もし、アメリカが日本を超えるようなお人好し国家でなければ、今頃、独裁国家は好き勝手に暴走することができなかっただろう。

ソ連崩壊後のロシアを救った西側諸国

現在起きているロシアの暴走は、いつ不可避になったのか。2014年のクリミア占領の時だと考えられがちだが、そうではない。暴走の原因はそれよりはるかに前に作られた。その原因を作ったのは、間違いなく自由民主主義諸国だった。

1991年、経済停滞や内部の権力闘争、そして各地での民族運動のため、ソ連は崩壊する寸前だった。だが、アメリカをはじめ西側諸国はソ連崩壊に反対していた。ソ連崩壊は自分たちの国益であるにもかかわらず、アメリカの認識がどれほど酷かったかは、当時のジョージ・H・W・ブッシュ大統領の言動でよくわかる。1991年8月1日、ソ連を訪問していたブッシュ大統領は、ウクライナ最高会議で演説した。その前にブッシュ大統領はゴルバチョフと会談し、ゴルバチョフの改革を支持し、ソ連の存続に協力すると約束した。

当時、ウクライナでは独立運動が活発で、最高会議はいつ独立宣言を採決するのか、と期待が高まっていた。このタイミングでウクライナの独立派が頼りにしていたアメリカの大統領がウクライナ最高会議で演説することは、独立の後押しになると期待されていた。

ところが、演説でブッシュはウクライナ議員に対して、ソ連から独立しないように呼び掛けた。ブッシュによると、ゴルバチョフが実施している改革は、ソ連住民に自由と民主主義をもたらすということだった。一方、ソ連からの離脱は、権威主義とナショナリズムにつながるので、離脱を支持しないという立場だった。常識的に考えれば、このブッシュの認識に仰天するほかないのだが、これは当時の西側諸国の指導層の平均的な考え方だった。最終的にブッシュの「ソ連救出作戦」は失敗し、ウクライナをはじめ各国は独立できた。

そしてソ連崩壊の後、何の法的根拠もなく、ソ連の常任理事席をロシアに渡したことは、先述した通りだ。これ自体、とんでもない優遇だったが、これはロシア優遇の始まりに過ぎなかった。

ソ連が崩壊した後、旧ソ連のウクライナ、ベラルーシ、カザフスタンの核兵器をどうするかという問題が出てきた。西側は核保有国が増えることを嫌がっていたので、この3か国が核兵器を放棄し、非核国になることを強く要求し、その通りになった。

ところがこの時、ロシア自体の非核化はまったく話題にならなかった。西側は、あれほど核保有国が増えることを嫌がったのに、ロシアに対して非核化を求めなかった。

当時、ロシアは経済が停滞し、国力が弱かったので、経済支援と資本主義世界への仲間入りを必要としていた。支援の条件として、ロシアに非核化を求めることは可能だった。また、先述したソ連の常任理事席を受け継ぐことも、無条件に認めるのではなく、代わりにロシアの非核化を求めることもできた。

だが西側は何もせず、無条件にロシアの核保有を認めた。仮に完全な非核化を求めないにしても、防衛に必要最小限の数まで大幅に核戦力の縮小を求めることもできたが、これもしなかった。

ロシアの核兵器と他の国の核兵器に対する姿勢の違いはどこから来るのか。西側は明らかに、新たに独立した国を「何をやり出すかわからない危険な集団」と認識していたのに対し、ロシアを「信頼できるパートナー」だと思っていた。ロシアはその時点まですでに、何度も侵略戦争や虐殺を起こし、世界に大迷惑をかけていた。一方、新たに独立した諸国は戦争を起こしたこともなく、世界に迷惑をかけたこともなかった。しかし、西側はなぜかロシアを信頼し、新独立国を危険視していた。

ロシアによる旧ソ連圏に対する蛮行を黙認

さらに、西側は旧ソ連圏をロシアの当然の勢力圏だと認識し、ロシアが1990年代に旧ソ連圏でやっていたことを見て見ぬ振りをしていた。そもそも勢力圏というのは、大国が好き勝手に世界を動かしていた時代の概念だ。勢力圏という概念は国際法にもないし、それは自由と民主主義に基づく現代の価値観とは相容れないものだ。その中で、自由と民主主義を最も大事にしているはずの1990年代の自由民主主義諸国は、ロシアの勢力圏の存在を認めた。これは価値観の裏切りだ。

1992年、ロシアは現地人による分離主義運動を装って、モルドバ共和国の沿ドニエストル地域を占領した。

また1991年から1993年まで、ロシアはジョージアに対して同じ手法を取った。現地人の分離主義運動、民族運動を装い、ロシアはジョージアに侵略して、アブハジア地域とツヒンヴァリ地域を占領した。これらの地域は形式上の「独立国家」になったが、実態はロシアに支配されている地域だ。ロシアに協力している現地人による「政府」は傀儡に過ぎない。そしてアブハジアの場合、この地域の人口の過半数を占めていたジョージア人のほとんどが追放された。これは紛れもないジェノサイドだった。

さらに1990年代に、ロシアは2回もチェチェン戦争を起こした。チェチェン共和国は、ほぼチェチェン人しか住んでいない単一民族の国である。19世紀にロシア帝国に征服されて以来、民族自決権という国際的に認められた権利に基づき、民主的な選挙を実施し、大統領を選び、独立国家として歩み始めた。

チェチェンはロシアと対決する姿勢ではなく、交渉でお互いが受け入れ可能な解決を目指した。だが、ロシアは問答無用で1994年にチェチェン共和国に対して戦争を起こした。この戦争でチェチェン共和国が勝利し、ロシアは1997年に和平協定を結ばざるを得なかった。

しかし、1999年にロシアは結んだ協定に違反して、再びチェチェン共和国に対して戦争を起こし、今度こそチェチェン共和国を破壊した。チェチェン戦争において、ロシアはなりふり構わず、民間人を無差別大量虐殺した。住宅地の無差別砲撃や空爆、民間人の射殺、誘拐、拷問は日常茶飯事だった。民間人の死者数は、10万人以上とされている。全人口が200万人にも満たない民族にとっては、大打撃だ。

そして1994年、ロシアはウクライナから南部のクリミア半島を強奪しようとした。ロシアの情報機関はすでにクリミア半島内で拠点やスパイ網を作り、暴動や離脱宣言の準備をしていた。ところが、その年にウクライナで大統領選挙が行われ、ロシアの強い支援を受けていたクチマ候補が当選した。ロシアは、クリミアだけを強奪してウクライナを逃がすのではなく、ウクライナを丸ごとを呑み込む方がいいと判断し、クリミア強奪作戦を中止した。

領土強奪の他に、ロシアは旧ソ連諸国への内政干渉や選挙介入、脅迫などを日常的に行っていた。だが、このような明らかな国際法違反、世界秩序を破壊する行為を自由民主主義諸国は見逃していた。ロシアに何の制裁も実施されることなく、国際社会における非難さえなかった。

それどころが、途轍もない優遇がロシアに実施された。計画経済から資本主義経済に切り替わる時期に、ロシアの経済は非常に悪く、国民は貧乏だった。そんなロシアに対して自由民主主義諸国は経済支援を始め、人道支援、技術支援、人材の支援を実施した。改革開放政策後の中国との貿易で、自由民主主義諸国が中国の経済発展に貢献したのとまったく同じ構図だ。さらに、ロシアは自由主義でもなければ、民主主義でもないのに、１９９８年に世界の主要な自由民主主義国家のグループであるＧ７に加えてもらって、グループはＧ８になった。

常任理事席、核保有、戦争と虐殺の見逃し、経済支援を始めとする多面的な超優遇は、西側の致命的な過ちだった。そのおかげでロシアは国力を回復し、成長し、再び大規模な侵略を犯せる国になった。

ソ連が崩壊した前後、ロシアは非常に弱かった。あの頃、絶頂期だった西側はロシアにとどめを刺すことができた。ソ連の構成共和国だけではなく、チェチェンをはじめ、ロシア連邦に入っている諸民族の共和国を独立させることも可能だった。仮に完全にとどめを刺さないにしても、非核化と非常任理事国にすることも可能だった。どんなに甘く接しても、旧ソ連圏における蛮行に対して今のような制裁を実施し、国力回復と経済成長に協力しないことは簡単だった。このいずれの場合でも、ロシアはそれ以上戦争を起こすことができず、世界にとって脅威になることも不可能だった。

だから、今のロシアの暴走は、西側がロシアを育ててしまった結果なのである。

「騙された」のではなく「騙されたかった」

西側によるロシアの超優遇を見ると、西側はロシアに騙されたと考えられがちだ。だが、ロシアは西側を騙そうとしなかった。ほぼ最初から、ロシアは自分たちの本質を露わにしていた。前節で取り上げたロシアの蛮行を見れば、ロシアは国際秩序を尊重するつもりがないことが、1991年の時点で明らかだった。西側は「騙された」のではなく、「騙されたかった」と言った方が正確なのではないだろうか。つまり、西側は「それでもロシアはきっといい国だ。きっと信頼できるパートナーになる」と、夢を見ていた。

この状況は、人間関係で揶揄すれば、チンピラを好きになった恋する乙女に見える。チンピラは犯罪を起こし、周りに迷惑ばかりかけている。しかし、恋する乙女はこの現実を受け入れず、「きっと彼はいい人だ。本当は心が優しい」と夢を見ている。恋すると論理的な思考ができなくなるので、好きになった対象そのものではなく、自分が想像した架空の姿を見る。

この恋する乙女の夢を、西側はロシアに対して見ていた。でなければ、ロシアへの超優遇が説明できない。もしロシアが本性を隠していたのであれば、まだ騙されたという説明ができるが、ロシアはソ連が崩壊して以降、一貫して帝国主義路線を取り続けた。

また、西側はロシアが豊かになれば、戦争などの物騒なことをせずに、おとなしくなることも考えていた。つまり、国や国民が貧乏な時に帝国主義的な妄想に走るが、豊かになれば、ロシア人も西側と同じ生活習慣になり、資本主義の恩恵を受けて、消費社会の日常を満喫し、豊かな毎日を失わないために戦争を起こさなくなると見ていた。

この西側の考えは間違っていた。ロシアを豊かにすることによっておとなしくさせるという考え自体は論理的に見えた。しかし、このやり方は成功しないことが、早い段階で明らかになった。西側との貿易でロシアが豊かになるにつれて、ロシアは凶暴になっていった。1990年代のロシアの蛮行の規模が限定的だった唯一の理由は、それ以上の蛮行を起こす国力がなかっただけだ。

国力を身につけると、ロシアの帝国主義路線がすぐ復活した。2000年代、石油価格の高騰によって、ロシアは短期間で豊かになった。そして、まったく同じ時期にロシアのメディアで反米、反西側、帝国主義の論調が主流になる。

そして、ロシアはウクライナに対する内政干渉や脅迫を強める。2003年のトゥズラ島の危機、2004年の選挙介入は今となれば遠い出来事だが、当時は旧ソ連圏に衝撃を与えた。ロシアは独立国家であるウクライナから島を奪おうとし、独立国家の大統領に無理矢理自身の傀儡を据えようとした。

さらにロシアが最も豊かだった2008年には、ジョージアに対する侵略を起こした。この時は1991〜93年とは異なり、ロシアは現地人の分離主義運動を装わなかった。ロシア正規軍が、国境を越えて一方的にジョージアに侵略した。しかし、国際社会はこの明らかな侵略を完全に無視した。ロシアに対して制裁も非難もなく、ロシアとの貿易の縮小や対露警戒さえまったくなかった。

この頃のロシアは、1990年代とは比べ物にならないほど豊かで、ロシア国民の生活水準はロシア史上、最高レベルだった。国際社会からもロシアはちやほやされていた。それでもロシアは侵略を犯した。「貧乏な状態や孤立している状態のロシアは暴走するが、豊かで国際社会で歓迎されている状態のロシアはおとなしくなる」という話は間違っていたのである。

しかし、この後も自由民主主義諸国はロシア優遇をやめなかった。筆者はやはり、西側は騙されたのではなく、騙されたかったとしか思えない。

ロシアを畏れている西側諸国

２０１４年のクリミア侵略の時、ロシアはG７から追放され、ようやく最初の制裁が実施されるようになった。しかし、制裁の程度は非常に小さく、ほぼそれまで通りの貿易関係が続いた。それ以降もロシアの暴走は続いた。ウクライナ東部での戦争、シリア内戦への介入と民間人の虐殺、自由民主主義諸国の中の政治家の買収、選挙介入、暗殺、破壊工作、クーデターの試み、後を絶たないサイバー攻撃など、西側に対する敵対行為がエスレートする一方だった。

それでも、西側による制裁は軽微なもので、ロシアとの関係を本気で絶とうとする努力はまったくなかった。西側の対露宥和路線の大きな象徴は、ノルドストリーム２の建設だった。先述した敵対行為をロシアがすでに大々的にやっていたにもかかわらず、ロシアとドイツを直接つなぐガスパイプラインを建設し、ロシア天然ガス輸入の拡大を西側は容認していた。この頃は、もう騙されようがなかったが、それでも西側はロシアとの関係を修復できると思っていたのだ。

２０２２年の全面侵略が始まった後は、さすがにそれなりの制裁が実施され、ロシアは国際社会で非難されるようになった。しかし、この制裁はロシアの蛮行の規模を考えれば不十分だった。

また、すでに何度も述べたように、ウクライナに対する武器支援も明らかに不十分だ。繰り返しになるが、自由民主主義諸国はウクライナがロシア軍を破壊し、完全勝利を手に入れるために必要な装備をすべて持っている。持っているのに提供しないのは、ロシアが完全に負けないでほしいと願っているとしか思えない。

西側諸国の見立てでは、プーチンはいずれ、ウクライナを征服できないことを理解して、諦めてくれるだろうということになっている。だが、プーチンは何があってもウクライナ征服を諦めるつもりはないので、この作戦は間違っている。そもそも、西側は侵略者を壊滅させることではなく、諦めさせることを選んでおり、未だにロシアに配慮しなければならないという考えが根強い。

また、実際に提供された武器についても、その武器でロシア国内を攻撃してはいけないことになっていたし、ようやくロシア国内への攻撃が解禁された後でも、ロシア国内で目標として狙える対象について引き続き厳しい制限がかかっていた。ロシアは一切何のルールや常識も守っていないのに対して、ウクライナには国際法上認められている攻撃さえさせない。ロシアを傷つけてはいけない、苦しめてはいけない、という潜在的なブレーキが、西側諸国の指導層の意識に存在するのだろう。

2024年5月に起きた、ウクライナのドローンによるロシアの早期警戒レーダー攻撃に関する議論が、西側の甘さを物語っている。このレーダーは探知距離約6000キロメートルのミサイル監視戦略レーダーで、主に敵側の核ミサイルを探知し、迎撃するために使うものだ。議論の内容は、このレーダーは核戦略のインフラであり、今回のロシアによる侵略と関係ないから攻撃すべきではなかったという意見と、今回の戦争でも使えるから攻撃が妥当という意見が対立していた。西側のメディアでは、アメリカ政府はロシアの核インフラが攻撃されればロシアが刺激されることを懸念している、と報じられた。

この議論に仰天するしかない。今回の戦争に使われているかどうかは別にして、ロシアの核抑止態勢が弱くなることは、西側がロシアとの対立において有利になることを意味している。ロシアが核戦争を起こす可能性が低くなるからだ。しかし、西側はなぜかロシアの核態勢が揺らぐことを懸念した。大規模な戦争において、これはあくまで小さなエピソードに過ぎないが、西側がロシアを傷つけることを恐れているおかしさを明確に表している。

大局的に見ても、西側の認識はおかしい。この戦争をプーチン体制だけのせいにして、ロシア国家とロシア国民に責任がないことを何度も強調している。これもロシアに対する認識の甘さを物語っている。この戦争をロシア人の圧倒的多数が待ち望み、強く支持していることはすでに説明したが、この明らかな事実を自由民主主義諸国は無視して、ロシア人無罪説に固執している。ロシア人は民族として侵略を支持しているという事実に気付きながら受け入れたくないのだ。

現在、ロシアの反体制派、反プーチン派が西側でもてはやされている。ロシアの権力者やロシア政府とは仲良くできないが、どうしてもロシアと仲良くしないと気が済まないのか、反体制派のロシア人と仲良くしている。反体制派のロシア人の中で本当に自由と民主主義の価値観を共有している人はごく一部で、大半はたまたま権力が取れなかった人間にすぎず、思想はロシア帝国主義だ。しかし、西側の人は、ロシア人と言うだけで甘く見ている。

ロシアへの妄想を捨てよ

ロシアは誰がどう見ても悪い国だ。昔の時代から今に至るまで、一貫して侵略戦争や虐殺を繰り返し、世界に大きな脅威となっている。そして、この姿勢をロシア人の圧倒的多数が支持している。このような国を嫌いになるのは当たり前なはずだ。少なくとも警戒し、信用しないのが常識人の振る舞いだろう。

だが自由民主主義諸国は、ロシアとロシア人を甘く見て、長年優遇してきた。蛮行が酷すぎて優遇しなくなった後も、必死にロシアのいいところを探している。仲良くできないのは明らかなのに、必死に仲良くする方法を探している。そして、ロシアはこれからも変わらないのに、今回の戦争さえ終われば、ロシアとの関係を元に戻し、再びロシアと仲良くしようとしている。

これはもはや、一種の憧れなのではないだろうか。欧米人はなぜかロシアに憧れている。でないと、このような認識の甘さを論理的に説明できない。このような憧れはどこから来ているのか、筆者にもわからない。こちらが知りたいぐらいだ。ロシアには嫌いになる要素は山ほどあるのだが、好きになる要素は見当たらない。

ロシアに優れた文化や芸術があるのが理由なのではないかという意見もある。しかし、ロシアの文化は決して世界トップレベルのものではない。ヨーロッパの中堅規模のどの国も、少なくともロシアに劣らない文化を持っている。なのに、なぜかロシア文化だけが異様に持て囃されている。

そもそも、仮にロシアが本当に素晴らしい文化を持っていたとしても、ロシアが何世紀にもわたって続ける蛮行は、それをはるかに上回る規模だ。いいことが少しある国でも、悪いことの方が圧倒的に多い場合、その国は悪い国だと判断するのは常識だ。しかし、ロシアに対してだけはこのような常識が働かない。西側はロシアの想像を絶する規模の蛮行を無視し、必死にロシアのいいところを探し続けている。

繰り返しになるが、このロシアに対する西側の憧れは何の根拠もない、非論理的で常識外れだから、筆者もその原因はわからない。いずれにしても、西側による対露妄想、対露憧れが今までロシアを育ててしまい、今回の戦争をはじめ多くの蛮行の原因となった。自由民主主義国はこの有害な憧れから脱却しなければならない。

第4章

世界を侵蝕するロシアのプロパガンダ

第1節　ロシアのプロパガンダの全体像

絶対善・平和・平等を謳ったソ連のプロパガンダ

本書は、ロシアによる対ウクライナ侵略戦争の行方とそれが世界に与える影響などを考察している国際政治分析書であるが、本章では、ロシアのプロパガンダに騙されない術を読者に身につけてもらうために、ロシアのプロパガンダの解説と反論を行う。ロシアはプロパガンダを継続的に仕掛けており、それに騙されている人は、ロシア・ウクライナ情勢を正しく理解できないからだ。

ロシアのプロパガンダは、極めて多面的である。その種類も手段も多岐にわたっており、「ロシアのプロパガンダがこういうものだ」と簡単に定義するのが難しい。あえて定義するとしたら、ロシアのプロパガンダとは、「ロシアの内外政策を正当化するすべての言説」としか言いようがない。より詳しく言えば、ロシアによるすべての不正行為、例えば、侵略戦争、他国への内政干渉、他国の発展を妨害する工作などを正当化し、ロシアから被害を受けた国を悪者に仕立てるすべての情報発信だと言ってもいいだろう。

ロシアのプロパガンダは、ソ連のプロパガンダの後継版と言える。ただし、現在のロシアのプロパガンダとソ連時代のプロパガンダの中身には、かなりの違いがある。

共産主義国家だったソ連のプロパガンダは、ソ連が絶対善であり、平和と、市民の平等と豊かな暮らしを目指しているという言説が主流だった。それに対して、ロシアのプロパガンダにおいては、ロシアは完璧ではないが西洋も悪いので、ロシアはロシアのやり方で国益を追求する権利があるという論調が強い。それぞれのプロパガンダのやり方には、一長一短がある。

ソ連時代は、「ソ連は平和を望む絶対善である」というプロパガンダが効果的だった。平和や平等は誰もが望むことだから、国や社会層にかかわらず、このプロパガンダに触れた人はソ連のシンパになりやすかった。世界各国で親ソ派が急増し、ソ連のために積極的に動く人も多かった。そして、各国で共産党や非常に強い容共のロビーが作られた。

実際のソ連は、ナチスドイツを超える残虐な犯罪国家だったが、巧妙なプロパガンダのおかげで第二次世界大戦の戦勝国となり、多くの国で共産主義政権を作り、多くの属国を手に入れ、世界の超大国になった。

一方で、平和と平等を謳うソ連のプロパガンダは、ソ連の侵略行為や度重なる虐殺、重大な人権侵害とはあまりにも食い違っていた。第二次世界大戦後に起きたハンガリー動乱

（1956年）やプラハの春（1968年）、アフガニスタン侵攻（1979年）などは、ソ連のプロパガンダが嘘であることを示した。

ソ連のプロパガンダは、情報隠蔽が徹底されてはじめて成り立っていたので、真実が顕わになれば、プロパガンダの効果は失われる。絶対善であるはずのソ連による蛮行が明らかになり、幻滅する人も多かった。

ソ連国内でも、国民は次第にソ連の生活が資本主義社会よりはるかに劣っていることに気づき、共産党政権は信頼を失っていった。

「西側よりマシ」で信頼度を上げたロシアのプロパガンダ

それに対して、現在のロシアのプロパガンダは、「ロシアは完璧ではないがアメリカも悪い」というのがメインメッセージである。だから、侵略戦争や人権侵害を、「アメリカもやっている」「アメリカのせいでロシアがせざるを得なかった」と弁明する。もちろん、これは完全な嘘であるが、「ソ連は絶対善だ」という主張ほどあからさまな嘘ではない。自分を持ち上げるより、相手を貶める方が信じてもらう可能性が高くなる。

このロシアのプロパガンダを信じる人は、かつてソ連のプロパガンダを信じた人ほど多くはないが、世界にはアメリカをはじめ自由民主主義諸国やその価値観に反発する人は一定数いる。だから、反欧米をメインテーマにしているロシアのプロパガンダは、このような人たちにとって非常に気持ち良く、信じやすい。

「他よりマシ」ということを武器にしているロシアのプロパガンダの強いところは、嘘が暴かれたとしても、また次の嘘でごまかせばいいということだ。次から次へと新しい嘘を作り出して、拡散すればいい。前の嘘がバレた頃には、いくつもの新しい嘘がすでに世の中に出回っており、ロシアを信じたい人を騙し続けることができる。

嘘が暴かれても、信じ込んでいる人は目覚めないというところは、ロシアのプロパガンダの強みだ。この理由で、今のロシアのプロパガンダはソ連のプロパガンダほどの即効性や普遍性はないが、情報統制が必要ないので、一定数の人の間でずっと信じられ続ける。

アメリカ人戦闘員を募集した「ワグネル」の動画

ロシアのプロパガンダは大きく分けると、ロシア国内向けと国外向けのものがある。

国内向けのプロパガンダは、「ロシアは素晴らしい大国だ。西側はけしからん勢力だ」というのが基本的な論調だ。

一方の国外向けプロパガンダには一貫性がなく、対象国や対象層によって内容を変えている。プロパガンダの目的は、ロシアの侵略主義を正当化することであり、そのために使える言説はすべて使う。だから、ロシアのプロパガンダが流している主張は、お互いに矛盾していることが少なくない。

自由民主主義諸国において、極左勢力とポピュリスト右翼勢力がロシア寄りであることが多い。思想は真逆だが、どちらもロシアのプロパガンダを信じ、親露派となっている。ロシアのプロパガンダは、対象層によってまったく違う内容の主張を流しており、それぞれがロシアに有利に動くように仕向けているからだ。

例えば、ロシアのプロパガンダは反米路線が主流だが、アメリカ国民や各国の親米派に対しては、アメリカはたしかに偉大な国だが、今の指導層はアメリカをダメにしている、といった内容のプロパガンダをしている。

この親米を装うプロパガンダの最たるものとして、ロシアの民間軍事会社「ワグネル」が2023年1月、インターネットでアメリカ人向けに流した映像が挙げられる。内容はなんと戦闘員の募集だった。後に「ワグネル」は反乱を起こし、プリゴジンはプーチンに処刑されたが、この動画が公開された時点では、プリゴジンはまだプーチンの最側近で、ロシアの侵略戦争を全面的に支えていた。

英語のナレーションはアメリカの愛国者に、今のアメリカは建国の父たちが掲げた理念から離れた悪い国になったと語る。そして、アメリカを再び偉大な国にするために、アメリカ人が正義側の勢力であるロシアとともに戦うべきだと主張し、アメリカ人に「ワグネル」に参加するように呼びかけたのだ。

この動画がインターネットで流れてから、「ワグネル」の当時の社長だったエフゲニー・プリゴジンは、「アメリカ人からすでに1000万件の応募が来ている」と話した。もちろん、この数字は明らかな嘘であり、そもそも「ワグネル」が実際にアメリカで戦闘員を募集していたかどうかも不明だ。

だが、ロシアにとってアメリカは憎い敵であるにもかかわらず、アメリカ人の協力者を獲得するためにアメリカの愛国者に寄り添うような論調を使ったこの動画は、明らかにアメリカの国民と国家の分断を狙うプロパガンダであった。

ロシアのプロパガンダ①「ウクライナ人とロシア人は同じ民族」

ここでロシアの主要なプロパガンダを取り上げ、検証してみたい。

ロシアのプロパガンダの代表的なものとしては、まず、プーチンの「ウクライナ人とロシア人は同じ民族」という主張が挙げられる。ロシアは、これをウクライナ征服の根拠にしている。同じ民族だから同じ国になるべきだということだ。

だが、この主張はどの観点から見てもおかしい。

まず、仮に同じ民族であっても別の国であり、その国が独立を望んでいるならば、武力で征服して併合するのは一方的な侵略であり、犯罪である。「同じ民族」というのは侵略や征服の根拠にならない。

そもそも、「ウクライナ人とロシア人は同じ民族」という主張自体、間違いである。ウクライナ人とロシア人はまったく違う民族である。どちらもスラブ人だが、スラブ人には多くの民族が属している。もしウクライナ人とロシア人はどちらもスラブ人だから同じ民族だという主張が通るなら、イギリス人とドイツ人は、どちらもゲルマン人だから同じ民族だということになる。だが、イギリス人とドイツ人は違う民族だ。同じようにウクライナ人とロシア人も違う民族だ。

民族の定義には諸説あるが、単純化すれば、同じ言語を話し、同じ文化や習慣を持ち、共通の歴史認識と記憶を持つのが民族と言えるだろう。そう考えると、ウクライナ人とロシア人はどれも異なる。ウクライナ語とロシア語は違う言語である。通訳なしでは通じない。ウクライナ人はロシア語を話せるが、それは言語が近いからではなく、長年のロシアによるウクライナ支配の産物だ。ロシアが支配地域において、ロシア語教育を強いた結果だ。逆に、ウクライナ語を習う義務がなかったロシア人には、ウクライナ語はわからない。ロシアのテレビ報道では、ウクライナ語がロシア語に吹き替えされている。

ロシア人とウクライナ人の文化の違いは多くある。民族性の違いとしては、ロシア人は自己主張が強く、性格が凶暴であるのに対して、ウクライナ人は主張が控えめで性格が穏やかである。国家や権力に対する姿勢も根本的に違う。例外もあるが、ロシア人は基本的に強い、独裁的な権力を持つ指導者を求め、その指導者に服従する。それに対し、ウクライナ人は多様な意見が反映される政治のやり方を好み、権力者の独断ですべてが決められる状況を好まない。そして、ウクライナ人は基本的に権力者を信用せずに、常に疑う傾向がある。

当然、ロシア人とウクライナ人の歴史認識と記憶もまったく違う。ロシア人はモスクワ王国やロシア帝国、そしてソビエト連邦を、「自分の国」だと認識し、それぞれの時代のツァーリや総書記は偉人であり、各時代の戦争や征服を肯定的に捉えている。

一方、ウクライナ人は、自分たちの先祖は古代ルーシやリトアニア大公国、そしてコサックの国家だと認識し、20世紀におけるウクライナ独立運動に自国の正当性を見出している。また、ウクライナを長く支配していたロシア帝国やソビエト連邦を、「自分の国」ではなく、自分たちを征服していた支配者だと認識している。

こうした基本的な点だけでも、ロシア人とウクライナ人は同じ民族だと主張する根拠は一つもないことがよくわかる。

ロシアのプロパガンダ②「ウクライナの反露路線はロシアにとって脅威」

二つ目は、ウクライナは反露路線を取り、ロシアにとっての脅威になっているという主張である。

もし、ウクライナが反露路線を取ったとしても、ロシアが侵略戦争を起こす根拠にはならないが、ウクライナによる反露路線とロシアに対する脅威も完全な嘘である。

ウクライナは1991年に独立して以来、一貫してロシア寄りの外交路線を取ってきた。ロシアに配慮すること、ロシアを刺激しないことがウクライナ政治の最大の注意事項であり、歴代政権は必ずロシアとの友好は最優先だということを強調していた。そして、新たに就任する大統領や首相が、まずはモスクワを訪問するというのが恒例だった。

また、軍事的にもウクライナはロシアの脅威になり得なかった。ウクライナは常に大規模な軍縮を行い、持っていた兵器の多くをロシアに売却していた。ウクライナは平和的な中立路線を掲げ、ロシアへの脅威となる意図も力もまったくなかった。

2014年の政権交代による「親欧米派」と言われたポロシェンコ政権ですら、ロシア政府と連絡を取り、ウクライナはロシアに対して敵対的な行動を取るつもりはまったくないということを伝えた。しかし、ロシアは問答無用でウクライナ南部のクリミア半島を占領し、その後東部ドンバス地方2州の一部も占領した。

ところが、侵略され、領土の一部がロシアに占領された後でも、ウクライナは平和的な姿勢を崩さなかった。国際法上、ウクライナは占領されている領土を武力で奪還する権利をずっと持っていた。しかし、ウクライナは平和を望む国だから、権利を行使せず、一貫して平和的な路線を取っていた。２０１４年から２０２２年まで、ウクライナ政府と政治家の大多数は、占領地の平和的な返還を訴えていた。武力奪還を主張していたのは、ごく少数派だった。

このように、ウクライナは一貫して、ロシアとの平和的な「隣人関係」を望んでいた。ウクライナはロシアにとって脅威になるつもりはまったくなかった。それでも、ウクライナの平和路線は完全に踏みにじられ、２０２２年２月24日にロシアに一方的に全面侵攻されたのである。

ロシアのプロパガンダ③「NATOの東方拡大はロシアにとって脅威」

プーチンもよく言っているが、ロシアのプロパガンダで最もよく使われている主張に、「ＮＡＴＯが東へ拡大している」というものがある。ロシアの論理では、東へ拡大しているＮＡＴＯはロシアにとって大きな脅威になっているから、ロシアはウクライナで軍事行動を取らざるを得なかったということになっている。

しかし、この理屈はどの観点から見てもおかしい。まず、仮にＮＡＴＯが脅威だったとしても、それは独立国家への侵略と領土強奪の根拠にまったくならない。脅威になることと実際に侵略戦争を起こすことは、次元の違う話だ。脅威だと言うなら、その脅威に対して自分たちの軍事力を強化すればいい。戦争を起こす根拠にはならない。

そして現実には、ＮＡＴＯはソ連の脅威からヨーロッパを守るためにできた組織だ。つまり、防衛に徹しており、攻撃する目的はまったくない。ＮＡＴＯは今まで、ソ連、ロシアを攻撃すること、ソ連、ロシアから領土を奪うことを一度も考えたことがない。ロシアが加盟国を攻撃した場合、それに反撃するが、先にロシアを攻撃することはまずあり得ない。そもそもロシア自身、ロシアが先に手を出さなければ、ＮＡＴＯがロシアを攻撃することはあり得ないということをよく理解している。

そもそも、ＮＡＴＯは創立した時点からソ連、ロシアと国境を接している。ノルウェーとロシアの国境だ。この国境は１９４９年の時点から、ＮＡＴＯとソ連、ロシアが接触する場所だ。しかし、この約75年間、ロシアはノルウェーとの国境を特別警戒した傾向がない。ＮＡＴＯとの国境にもかかわらず、特別多くの軍事力が配備されたこともない。

また、２００４年には、ロシアと国境を接しているエストニアとラトビアがＮＡＴＯに加盟し、ＮＡＴＯとロシアの国境が長くなった。この加盟にロシアは反発したが、エストニアとラトビアの加盟後、そこからロシアへの攻撃が行われることを想定した防衛体制をロシアは取っていない。

さらに、ウクライナ全面侵略の後、ロシアと長い国境を接しているフィンランドが2022年5月にNATO加盟に申請し、2023年4月に加盟した。申請から加盟まで約1年間かかったが、ロシアはフィンランドの加盟を批判したものの、それを妨害する行動を取らなかった。このウクライナとフィンランドに対する態度の違いは著しい。

つまり、ロシアはNATO加盟国が増えることも、NATO加盟国がロシアと国境を接していることも、絶対認めないという姿勢を取っていない。ロシアは「NATO拡大」を戦争する言い訳として使っているが、それは本当の理由ではないということだ。

では、ロシアがNATO加盟国の増加に反発している本当の理由は何か。

それは、NATOが脅威だからではなく、自分が侵略できる国がなくなるからだ。ロシアは旧ソ連諸国をすべて征服して、併合したい。だが、もしそれらの国々がNATOに加盟してしまうと、侵略できなくなってしまう。NATOは、ロシアの拡張主義にとって最も邪魔な存在なのである。

東欧諸国のNATO加盟の理由

ロシアは「NATOの東方拡大」と言うが、そもそもNATOに「東へ拡大したい」という願望はない。事実としてNATOは東へ拡大しているが、これは、旧共産主義圏及び旧ソ連諸国が自分たちの意思でNATO加盟を希望したからだ。NATOが無理矢理、東欧諸国をNATOに加盟させているのではない。東欧諸国が自分の意思で加盟を望み、多くの難しい手続きを経て、加盟しているのである。加盟したくても条件が満たせない国は加盟できない。だから、ロシアのプロパガンダが言う「ロシアを追い詰めるためのNATO東方拡大」は完全な嘘なのである。

それでは、なぜ東欧諸国は積極的にNATO加盟を目指すのか。それは安全でありたいからだ。NATOに加盟している国の領土は一度も軍事攻撃を受けたことがない。NATOに加盟すれば平和でいられるというのは、ヨーロッパの常識だ。逆にNATOに加盟しなければ、侵略を受ける可能性が高くなる。事実、NATO加盟国ではないジョージアは2008年、ウクライナは2014年に侵略された。そしてウクライナへの侵略は現在も続いている。

東欧諸国はかつてロシアに支配されていた。そして、ロシアが再び東欧諸国を支配したいという野望を持っていることを知っている。だから、東欧諸国は二度とロシアに侵略されないために、NATOに加盟するのだ。

つまり現実は、ロシアの流すプロパガンダとは真逆なのである。「脅威であるNATOが多くの国を取り込んで、どんどん拡大するから、ロシアは軍事行動を起こさざるを得なかった」のではなく、「平和でありたい東欧諸国は、自国をロシアの脅威から守るためにNATO加盟を選ぶ」のだ。そして、「NATOに加盟すれば平和になるので、これ以上ロシアが戦争を起こせなくなる」というのが現実だ。

ロシア自身が「NATOの東方拡大」を認めている

ロシアは、NATO拡大は約束違反だということも主張している。ロシアの言い分としては、「1990年のドイツの再統一に関する米ソ交渉において、NATOは東方へ拡大しないという約束をした」ということになっている。

だが、全会一致が原則となっているNATOで、新メンバーの加盟という最も重要な事項に関する方針を、一国だけの「口約束」で決めることは構造上あり得ない。たしかに当時のベイカー米国務長官は、そうとも捉えられる発言をしているが、それは膨大な交渉の中のわずか一場面にすぎない。合意でもなければ、共同声明でさえない。従ってこの話は何の効力もない。そして、このような基本的なことをロシアが理解していないはずがない。

さらに、1997年にNATO・ロシア基本議定書ができた。これは、NATOとロシアの関係を定める公式文書であり、両者によって正式に署名されている。この中で、「NATOは新加盟国において核兵器を展開しない」という一文がある。これはロシアに配慮している文章である。ロシアに地理的に近い新加盟国において核兵器を展開せず、ロシアに対して核抑止を行わないという意味だ。同時に、「新加盟国において」という部分は、これからNATOに加盟する国が増える前提で書かれている。

つまり、ロシアは、NATO加盟国が増える前提の文書に署名している。言い換えると、いわゆる「NATO東方拡大」を認めているということだ。ロシアの「NATO拡大」に関する主張がいかに出鱈目か一目瞭然だ。

以上のように、ロシアがウクライナへの侵略戦争を正当化するための「ロシア人とウクライナ人は同じ民族」「ウクライナはロシアにとって脅威だ」「NATOは東方拡大をし、ロシアを脅かしている」という主張は、何の根拠もない、完全な出鱈目なのである。

第2節　駐日ロシア大使による侵略の正当化

ロシアのウクライナ侵略を正当化

ロシアはこれらの主張をあらゆるチャンネルを使って、世界中に拡散している。自国の国益のために外交活動を行うロシア大使は、その最たるものである。

２０１８年１月から２０２２年12月まで駐日ロシア大使を務めていたミハイル・ガルージンはロシア政府関係者だから、厳密に言うと「親露プロパガンディスト」のくくりには入らないが、彼の考え方はロシア指導層の平均的なものである。ロシアのプロパガンダはどのようなものなのかを理解するには、彼の言動を見ればよくわかる。

ガルージンは何度もロシアによるウクライナ侵略を正当化する発言を繰り返してきた。例えば、ロシア軍がウクライナの民間人を大量に殺害した「ブチャの虐殺」についても、ガルージンは堂々とロシア軍は虐殺をやっていないと否定した。

私は日本人から、「こんな嘘をついて、ガルージン本人は苦しくないのか」と何度か質問されたことがある。その度に私は次のように答えている。

ロシア外交官に必要な技術がある。それは、堂々と真顔で明らかな嘘をつくことだ。しかも、聞いている人たちが全員、それが嘘であることがわかっている、ということを本人もわかっている状態でも、堂々と嘘を語れる人でないとロシア外交官は務まらない。だから、ロシア外交官は、みんながすぐ見抜く嘘を自信満々に語れる技術をしっかり教わっているのである。

「日米離間」を画策

一般的には、外国で大使を務める外交官は、自国と駐在国との関係を良好なものにするために努力する。仮に自国と駐在国の立場が異なり関係が良くない場合でも、大使はそうした問題についてわざわざ言及せず、接点を探るために努力する。

だが、ガルージン在任中の駐日ロシア大使館は、ソ連の対日参戦を絶賛していた。またガルージンは、第二次世界大戦前夜にソ連のスパイとして日本で活動し、逮捕され死刑となったリヒャルト・ゾルゲの墓に堂々と献花を行った。

ロシアの対日外交の特徴は次のようなものだ。過去の日本は悪い国で、その日本を倒したソ連は善である。だから、日本はロシアの歴史認識を受け入れ、ロシアの言うことを聞かなければならない。日本は北方領土を諦め、ロシアのために資金援助を行い、ロシアに配慮して外交をするべきだ。

そして、ロシアの対日外交路線は、日米同盟に楔を打つことである。ロシアは、日露関係においては日本に対して従属的な姿勢を求める一方で、日米離間を狙う時には日本の自尊心に訴える。

例えばガルージンは、2023年3月にウクライナを訪問した岸田文雄首相（当時）について、ロシア国営テレビ「RT」のインタビュー（4月21日）で、「米国に従順な同盟国のリーダーという役割を就任当時から果たしているだけ」と侮辱的に語った。

つまり、ガルージンはここで、「日本は独立国家だから、外交路線をアメリカに合わせる必要はない」「戦争に対して、日本が対露制裁を実施したことはアメリカへの従属だ」と言いたいのだ。アメリカとの関係について語る時だけ、ロシアは日本に寄り添っているフリをするのである。

離任会見で日本の制裁を批判

ガルージンは、2022年11月に駐日ロシア大使を離任するにあたって開いた記者会見で、「日本側の非友好的な対応が両国関係を大きく悪化させた。両国関係の将来は不確実だ」と日本の対露制裁を批判する発言をした。これは典型的な、原因と結果を逆にするプロパガンダの論法である。

関係悪化も何も、侵略した国に対して制裁を実施することは当然な姿勢だ。そもそも侵略戦争を起こすことによって制裁を招いたのはロシアだ。ロシアが侵略を起こさなければ、日本はロシアに対して制裁を実施しなかっただろう。制裁を解除してほしいなら、侵略戦争をやめればいいだけだ。侵略さえやめれば、ガルージンの言う「関係悪化」というものはすぐ改善されるのだ。100％ロシアの責任のものについて、相手側に責任を負わせるプロパガンダは、ロシアの常套手段だ。

以上のように、ガルージンに代表されるロシアの対日プロパガンダは、歴史をねじ曲げて日本に「永遠の犯罪国、敗戦国」という意識を持たせること、ありもしない「利益」という「にんじん」をぶらさげて、「日露友好」という名の対露従属を促すことと、都合のいい時だけ日本人の自尊心に訴え、「対米自立」という名の日米離間を誘導することがメインテーマとなっている。このような論調を見かけたら、ほぼ確実にロシアのプロパガンダなので、騙されてはいけない。

第3節　フランスの「知の巨人」の正体

『第三次世界大戦はもう始まっている』の反欧米プロパガンダ

ロシアの主張を宣伝するのは、ロシアの外交官ばかりではない。

フランスの人類学者として有名なエマニュエル・トッドは、日本において「知の巨人」として、その言説が注目される人物の一人である。

しかし、少なくともロシアのウクライナ侵略に関する彼の言説について言えば、彼はロシアの代弁者に過ぎない。それは、彼が2022年6月に著した本『第三次世界大戦はもう始まっている』（文春新書）に見ることができる。この書籍でトッドはロシアによる侵略を弁明し、ウクライナを侮辱し、反欧米のプロパガンダを繰り返している。彼は、「アメリカ憎し」を煽ることによって自由民主主義諸国の言論空間を狂わせ、自由主義世界を混乱に陥れようとしているとしか思えない。それは、中国とロシアをはじめとする独裁勢力が力を伸ばし、世界覇権を獲得することに与することになる。

本節では、「知識人の高度な考察」を装っているトッドの代表的な主張を検証していくことにする。

米学者ミアシャイマーの暴論を紹介

本書でトッドは、米シカゴ大学のジョン・ミアシャイマー教授の見解を紹介している。ミアシャイマーは、戦争の責任をロシアではなくNATOにあるとして、「ロシアは、ウクライナのNATO入りは絶対に許さないと警告したのに、アメリカはこれを無視した」という暴論を展開している。

続いてミアシャイマーは、「ウクライナはＮＡＴＯの事実上の加盟国だった」という突拍子もない嘘を主張し、その根拠として、ＮＡＴＯ諸国はウクライナに武器を提供し、ウクライナ軍の訓練を指導しているということを取り上げる。

この荒唐無稽な話には、嘘に嘘が重なっている。まず「ロシアはウクライナのＮＡＴＯ入りは許さない」というところだが、ロシアによる全面侵略の前に、ウクライナはＮＡＴＯ加盟に申請していないし、加盟する見込みはまったくなかった。２０２２年２月以前の常識では、ウクライナのＮＡＴＯ加盟が議題になるのは早くても10年以上先だということだった。加盟する見込みがまったくない国について「ＮＡＴＯに加盟するから戦争を始めた」という理屈は成り立たない。

また、武器や指導を受けていたので「事実上の加盟国だった」という主張は、国際法の基本すら無視している妄言に過ぎない。実際は２０２２年２月の前に、ＮＡＴＯ諸国による武器提供は非常に限定的なもので、その時期に受けていた武器は迎撃用のものばかり、その武器で他国を攻撃できないばかりか、すでに占領されている自国の領土さえ奪還できない。本格的な武器提供は、ロシアによる全面侵略が起きてから始まったので、武器提供を侵略の原因にするのは完全におかしい。

加えて、ＮＡＴＯの加盟国と非加盟国の間に明確な違いがあるので、「事実上の加盟国」

というものはあり得ない。NATOの原則とは、1国が攻撃を受けた場合、全加盟国がこれを軍事力で守るということだ。非加盟国をNATOは軍事力で守らない。実際に侵略を受けた非加盟国のウクライナをNATOは軍事力で守っていない。

トッドもミアシャイマーも、この程度の基本的なことを知らないはずがないだろうから、彼らは意図的に嘘をつき、読者を騙しているとしか考えられない。

そもそも、仮にウクライナが本当にNATO加盟の見込みがあった、もしくは「事実上の加盟国」だったとして、それが侵略戦争を起こす理由にならないことは、すでに述べた通りである。

「ロシアのウクライナ侵略は『キューバ危機』に似ている」

次にトッドはミアシャイマーの、ロシアによるウクライナ侵略が「キューバ危機」に似ている、という論を紹介し、賛同している。曰く、ソ連はアメリカの裏庭であるキューバに核兵器を設置しようとしたが、アメリカがそれを許さなかった。今のロシアはキューバ危機の時のアメリカと同じだ。

だが、これも完全な嘘である。キューバ危機の時は、ソ連がキューバに核兵器を置き、アメリカを明確に脅かそうとした。それに対してアメリカは脅威の排除を求めたが、キューバを占領することは狙わなかった。

一方、今回、アメリカは核兵器どころか通常兵器さえウクライナ国内に置くことを考えなかった。当然、アメリカがロシアを脅かそうとする意思もまったくない。行動も意図も、キューバ危機の時のソ連とはまったく違う。一方、キューバ危機の時のアメリカと違って、ロシアはウクライナの占領と併合を狙っている。

だから、どの観点から見ても、今のロシアの振る舞いとキューバ危機の時のアメリカの振る舞いはまったく別物である。

トッドは「NATOは東方に拡大しないと約束した」という定番のプロパガンダを繰り返しているが、これは先に解説した通り、何の根拠もない嘘である。

そしてトッドは「ウクライナ軍が抵抗するほど戦争は激化する」と主張して、抵抗されればされるほど、ロシア軍も本気で戦うようになり、破壊が進むと言っている。

つまりトッドは、すべての被害は、侵略したロシアではなく、侵略に抵抗しているウクライナの責任だと言っている。彼の論理では、侵略を受けた国は、おとなしく降伏すべき、抵抗するのは間違っているということだ。

「ロシアにとって死活問題」

トッドは、ミアシャイマーの「ロシアにとってこの問題は死活問題で、アメリカにとって死活問題ではない」という意味不明な論も紹介している。ミアシャイマーによると、この戦争はロシアにとって「生存をかけた問題」だから、ロシアはいかなる犠牲を払っても最終的に勝つということだ。トッドもそれに賛同している。

一方、ミアシャイマーはこの問題はアメリカにとって「遠い問題」「優先度の低い問題」と言う。それに対して、トッドは、この問題はアメリカにとっても「死活問題になりつつある」と主張している。トッドによると、この戦争でロシアはアメリカ主導の世界秩序に挑み、もしロシアが勝てばアメリカの覇権が揺らぐということだ。

この点について、トッドとミアシャイマーの意見は違うように見えるが、実際はどれもロシアのプロパガンダの違うバージョンにすぎない。両者のそれぞれのやり方でロシアの侵略を弁明する意図は明らかだ。

アメリカ人であるミアシャイマーは、露骨な反米論調は発信できないので、アメリカの国益を考えるふりをする必要がある。だから、「アメリカにとって大事な問題ではない。ロシアが勝っても、アメリカは大して困らない」と言う。

それに対して、フランス人であるトッドは、アメリカに対する憎しみを隠す必要がない。トッドは素直にロシア侵略の成功とアメリカの失敗を喜べるので、ミアシャイマーのようにロシアのプロパガンダを「リアリズム」というオブラートに包む必要はない。このミアシャイマーとトッドが流すロシアのプロパガンダの違いは、先に解説した「対象層によってプロパガンダの中身が変わる」という手法によるものである。

だが、まず「ロシアにとって死活問題」というのは完全な妄想である。ウクライナはロシアと別の国だ。ロシアは勝手にその占領と併合を望んでいるだけで、そこには歪んだ世界観以外に何の理由もない。ウクライナには、ロシアを攻撃し、ロシアから領土を奪うつもりはまったくない。アメリカも同様で、ロシアから領土も主権も奪うつもりはまったくない。だから、領土拡張という欲望さえ捨てれば、ロシアはウクライナの征服を諦めても、まったく困らない。「ロシアにとって死活問題」と主張しているトッドとミアシャイマーは嘘をついている。

続いてミアシャイマーが主張している「アメリカにとって死活問題ではない」という主張だが、これは完全に間違っている。アメリカにとっても、この問題は重要な問題だ。ただし、その理由はトッドが主張しているように、「アメリカの覇権体制が崩壊する」ことではない。もしこの戦争でロシアが勝ってしまうと、崩壊するのは「アメリカの覇権」ではなく、国際秩序だ。この戦争は「他国の領土を武力で奪ってはいけない」という、現在の国際秩序を懸けた戦いだ。もしロシアが勝ってしまうと、「侵略戦争や領土強奪、ジェノサイドをやっても罰せられることはない」という前例になる。

そうなると、それをやってはいけないという秩序が崩壊し、領土拡張を目指している独裁国家が次から次へと戦争を起こすことになる。そうなれば、世界各地で戦争が起き、暗黒時代が訪れる。

一方、もしウクライナが勝てば、国際秩序が守られる。この場合は、「侵略戦争を起こしても、それは失敗する」という前例ができる。そして、独裁国家が失敗や敗北を恐れて、次の戦争を起こすことをためらう。

つまり、「重要な問題ではない」と主張しているミアシャイマーも、「アメリカの覇権が崩壊するから重要な問題」と主張しているトッドも間違っている。正解は、平和な世界になるのか、戦乱の世界になるのかが懸かっている重要な問題であるということだ。


「ウクライナも、ベラルーシも『国家』として存在したことは一度もありません」

次にトッドはソ連崩壊に触れ、このように述べている。「『広義のロシア』すなわち『スラヴ』の核心部は、ロシア（大ロシア）、ベラルーシ（白ロシア）、ウクライナ（小ロシア）からなりますが、ベラルーシとウクライナの分離独立、すなわち『広義のロシア』の核心部が分裂することまで（引用者注・ロシアが）受け入れたのです」と。

ロシアは「大、白、小」ロシアから成り立つ、というのは、ロシア帝国時代に帝国政府が作り出した、歴史や地理、そして民族学を無視した帝国主義的な出鱈目である。

ロシア帝国は、ロシア人ではないベラルーシ人とウクライナ人を支配し、同化を進めることを正当化するために「三つの要素から成り立つロシア」という話を作った。

ロシア民族とウクライナ民族はまったく違うというのは、先に解説した通りだが、同様にロシア人とベラルーシ人も、まったく違う民族である。これまでに何度も否定された、何の学問にも基づいていない、数百年前の出鱈目を、21世紀に活動する学者が真面目に語るのは、本当に呆れるしかない。だが、トッドが学者ではなく、ロシアを弁明するためにどのような出鱈目でも使うプロパガンディストだと思うと納得できる。

トッドがこの話を持ち出したのは、「平和的なソ連崩壊と領土喪失を認めたロシアは、領土的野心のない善良な国だ」という印象を持たせたいからだ。しかし、実際にロシアは平和的に認めたのではなく、当時の状況では仕方なく認めざるを得なかったし、ソ連崩壊の直後から、再統合のための政治的謀略を繰り返した。それだけではなく、ジョージアとモルドバに対して紛争を仕掛け、領土の一部を強奪した。すべては１９９０年代前半の出来事なので、トッドのようなロシアのプロパガンディストが主張しているように、ロシアは西側に裏切られたから強行に出たという論理も完全に破綻している。

続いてトッドは、「ソ連邦が成立した一九二二年以前に、ウクライナも、ベラルーシも『国家』として存在したことは一度もありません」と言っている。学者ならこれほど甚だしい史実の無視は許されないだろう。実際にあった歴史を無視し、平気で妄想を歴史として語るのは、プロパガンディストである。

史実は、ソビエト・ロシアに征服される直前に、1918年から1920年まで、ウクライナは独立国家だった。この一点だけでもトッドの主張がいかに露骨な嘘であるかわかるだろう。

「ウクライナをNATOの事実上の加盟国とし」

トッドはまた、ロシアによる侵略戦争を正当化するために、戦争前のアメリカの思惑をこのように語る。「アメリカの目的は、ウクライナをNATOの事実上の加盟国とし、ロシアをアメリカには対抗できない従属的な地位に追いやることでした」。

この一文には重大な嘘が三つも含まれている。

まず一つ目は、先述したように、NATOの加盟国と非加盟国の間には明確な違いがあり、「事実上の加盟国」という存在はあり得ない。もし、トッドが親密な軍事協力を行うという意味で「事実上の加盟国」という言い方を使っているなら、この言い方はまったく事態を表していない。

ちなみに、ロシアによる全面侵略が起きるまで、アメリカはウクライナに対して親密な軍事協力さえ行わなかった。ある程度の指導や情報共有はあったが、決して「親密」と言えるレベルではなかった。アメリカはウクライナに対して武器供給をほとんどしなかった。

開戦前に提供されたのは、主に対戦車ミサイル「ジャベリン」や対ヘリミサイル「スティンガー」などのような、歩兵が持ち運べる程度の近距離の迎撃戦用の武器のみだ。戦闘車両などの重兵器の提供は、２０２２年の夏、つまり全面侵略が起きてから数か月経った時期にようやく始まったのだ。重兵器さえ提供していない国と、親密な軍事協力をしているとはまったく言えない。さらに、戦争が起きてから始まった軍事協力を戦争の理由にするのは、時系列的におかしい。なので、「事実上の加盟国」というのはこの点においても誤りである。

だから、このトッドの主張も完全な嘘である。

「ロシアをアメリカには対抗できない従属的な地位に追いやる」

二つ目は、アメリカはロシアを「従属的な地位に追いやる」ということだが、アメリカにはその意図はまったくなかったことも自明である。

先述したように、ソ連崩壊後、アメリカはロシアを追いやるどころか、想像を絶するほど優遇していた。今のロシアが持っている国際的な地位も国力も、アメリカの優遇の結果だと言える。アメリカは、ロシアの周辺諸国を犠牲にしてでも、ロシアと友好関係を保つために全力を尽くした。ロシアを従わせるなどの行動をまったく取らなかった。ロシアのプロパガンディストは、アメリカはロシアを従属させようとしたとよく言っているが、そう言える根拠は一つもない。

三つ目として、そもそも「ウクライナをNATOの事実上の加盟国とし、ロシアをアメリカには対抗できない従属的な地位に追いやる」という主張自体、まったく論理的ではない。前者と後者はまったくつながらない。「NATOの事実上の加盟国」というのは荒唐無稽の妄想だが、仮にこのようなものは存在したとしても、これはウクライナとアメリカの二国間の問題だ。仮にアメリカがウクライナに軍事支援を行い、何らかの特別な地位を与えたとしても、これはアメリカとウクライナの話であり、ロシアはまったく関係ない。

現実ではそのようなことはまったくなかったが、仮にアメリカがウクライナと特別な関係を持ち、特別な地位を与えたとして、それによってロシアはいかなる不利益を被ることもない。ウクライナを拠点にして、アメリカがロシアを攻撃することはあり得ない。

アメリカがウクライナと特別な関係を結ぶことによって、なぜロシアが従属的な地位に追いやられるのか。まったく根拠のない主張である。

「アメリカ人にとっては『他国を侵略することも普通のことだ』と考える基盤がある」

さらにトッドは、「ヨーロッパ人と違って、アメリカ人にとっては、『他国を侵略することも普通のことだ』と考える基盤があるのです。アメリカにしてみれば、『今回はロシアが自分たちと同じようなことをしている』というわけです」と語った上で、アフガニスタン、イラク、シリアにおけるアメリカの軍事行動に言及している。トッドはロシアによる侵略を弁明するために、「アメリカもやっているじゃないか」というレトリックを使っている。

しかし、これもデマである。まず、「他国を侵略することも普通のことだ」と考えているアメリカ人はほぼいないだろう。この時点でトッドは嘘をついている。

アフガニスタン、イラク、シリアにおけるアメリカの軍事行動の正当性や合理性については、さまざまな意見があり、本書ではその検証は行わない。しかし、仮にこれら3か国におけるアメリカの軍事行動が間違っていたとしても、アメリカとロシアの行動を同列には語れない。アメリカは、それぞれ理由があって軍事行動を起こしており、諸国を併合することによって領土拡張を狙っていない。それに対して、ロシアは正当な理由なく戦争を起こし、ウクライナを併合し、領土拡張を狙っている。

そもそも「ロシア以外の国も侵略をしているので、ロシアの侵略は正当だ」という主張はおかしい。前に起きた犯罪は、今起きている犯罪の言い訳にはならない。

トッドは、「超大国は一つより二つ以上ある方がいい」という根拠のない主張もしている。彼の解釈では、アメリカという一つだけの超大国があるより、ロシアというもう一つの超大国があった方が世界の均衡がとれるということだ。この話は、中国とロシアによる「多極の世界」という国家プロパガンダと同じ意味である。

重要なのはいわゆる超大国の「数」ではなく、「質」である。アメリカのような国がもう一つできるなら、問題ないだろう。アメリカ外交には問題があるし、勝手な振る舞いをする時もある。しかし、露骨な国際秩序の破壊と領土拡張のための侵略戦争、そしてジェノサイドなどをアメリカはしない。

だが、中国やロシアのような国がアメリカと匹敵する力を持ってしまうと、非常に危険だ。中露は人権も他国の国家主権も認めない独裁侵略国家だ。このような国家が力を持てば、侵略戦争やジェノサイドが絶えない。中露が謳っている「多極の世界」とは、独裁国家が誰にも止められることなく、好き勝手に他国を征服し、ジェノサイドを起こし、領土拡張をしている世界なのだ。

トッドにとってはこのような世界が望ましいのだろうが、平和と安全を望んでいる自由民主主義の価値観を持つ人々にとっては、このような世界は悪夢だ。

「2014年にウクライナで違法クーデターが起きた」「ウクライナ政権はネオナチ」

トッドは、ロシアのプロパガンダの定番の主張「ウクライナ政権はネオナチ」「2014年にウクライナで違法クーデターが起きた」ということも繰り返している。

事実を確認しておくと、当時の親露派のヤヌコビッチ大統領（在任期間2010〜14年）は、2013年、EUとの協力協定を結ぶ交渉をしていた。だが、ロシアの圧力でその締結は見送られた。

それに対して首都キーウでは11月、協定締結を求めるデモが起きた。だが、ヤヌコビッチ政権は治安部隊を使ってデモ参加者を強制排除し、多数の人を負傷させたのだ。これにより、平和的だったデモの性質が一変した。それまで1日平均2、3万人、最大で約8万人だったデモ参加者は、一気に50万人以上に膨れ上がり、治安部隊の暴力への抗議と内閣の辞職を求めるようになったのである。

その間、ヤヌコビッチ大統領がプーチンと会談し、ロシアの関税同盟に入ることを事実上約束したことが、デモに油を注ぐことになった。

ヤヌコビッチ政権が2014年1月に集会の自由やデモ活動を厳しく制限する法律を定めると、デモは全国規模の反政府運動に進化した。治安部隊はデモ隊を実力で排除するために、実弾を発射し、100人以上の死者が出た。

ヤヌコビッチ大統領は2月21日、野党リーダーと交渉し、大統領権限の制限で合意したが、デモ隊の怒りは収まらず、大統領の退任を要求した。

自国民を虐殺しウクライナをロシアに売ろうとした売国奴のヤヌコビッチ大統領は、自身が犯した犯罪への処罰を恐れて、翌日の22日、キーウを脱出し、ロシアへ逃げた。

ここで重要なのは、ウクライナでは「クーデターは起きていない」ということである。デモ隊は大統領府にも大統領の私邸にも侵入していない。ヤヌコビッチは正当な裁きを恐れて自分の意思で逃亡した。そして逃亡した後、国会決議で大統領が責務放棄をしたという理由で彼は解任された。同日、大統領と同じように逃亡した国会議長の代わりに、野党からの新議長が選ばれた。

ウクライナ憲法の条文によって、大統領が不在の場合、国会議長が大統領代行を務める。つまり、新議長は大統領代行に就任したことによって、憲法の手続きに則って政権交代が起きたのである。そして2月26日に新内閣が発足したのである。

この政権は、当然ネオナチと何の関係もない、ヨーロッパの自由と民主主義の価値観を共有した民主的な政権だった。ロシアは「ウクライナは独立国であるべきだ」という当たり前の考え方を持つ人を「ネオナチ」と呼んでいる。ウクライナ民族の独立性を否定している民族差別主義者であるトッドは、このロシアのプロパガンダを繰り返しているに過ぎない。

国家の価値がなければ侵略していいのか

トッドは本書の中で、ウクライナに対して侮辱的な表現を繰り返し、ウクライナに対する差別的な憎しみを剝きだしにしている。この憎しみのレベルは、ロシアの国営プロパガンダに劣らない。

トッドはウクライナを「まとまりを欠いた地域」と呼び、ウクライナで「近代化現象が生まれたことがない」と言う。ウクライナにとって「近代化の波」はいずれもロシアから来たと言い、その根拠として共産主義体制の樹立（1920年）も、共産主義の打倒（1991年）もどちらもロシア発祥の出来事だと言っている。

続いてトッドは、「ウクライナは、『独自の推進力』を待ち合わせていない」、「独自性を主張するために、欧米に近づいた」と語る。また「独立から三〇年以上経過しても、十分に機能する国家を建設できないでいます」とも主張する。

トッドは、このようにウクライナを貶めて、国家として存在する価値がないと読者に思わせて、ロシアの侵略戦争を正当化しているのである。

そもそもこれらすべてが侵略戦争を正当化する理由にならないのは自明だが、反論しておくと、「まとまりを欠いた地域」についてだが、ウクライナは歴史上、多くの国に支配されてきた。しかし、それはウクライナに独立する意向がなかったからではなく、常に強敵に囲まれ、独立する意思が武力で踏みにじられたからだ。何度も潰されながら、ウクライナ人は何度もまた粘り強く立ち上がり、独立を獲得する闘争をし、最終的に独立の獲得につながった。何百年にもわたる独立闘争は、ウクライナ民族の強い意思に基づくもので、「まとまりを欠いた地域」が独立を獲得できるはずがない。

また、ウクライナにとって近代化の波はロシアから来たという主張は完全に史実を無視している。そもそもロシアがウクライナを征服して併合した17世紀末までは、ウクライナの教育の水準も国民の教養のレベルも、ロシアと比べものにならないぐらい上だった。ウクライナの衰退は、ロシアに征服されてから始まった。ロシアにとって、自身より教養の高い民族を支配下に置くと、その民族はいずれ支配下から逃れるので、ロシアは一生懸命ウクライナで愚民化政策をとり、ウクライナを「教養のない田舎」にしようとしたのだ。

そしてトッドは「近代化の波」として1920年の共産主義体制の樹立を取り上げるが、これも荒唐無稽の主張だ。共産主義はたしかに近代化を掲げたが、実際の共産主義は衰退しか生まない全体主義体制だ。人の自由な活動を一切禁止し、共産党幹部が指定した活動しかできないので、それは近代化につながることはない。

さらに、モスクワで共産主義という近代的な考え方ができ、それがウクライナに広まってウクライナの発展につながったというのも完全な嘘だ。当時、ウクライナは独立しており、これからウクライナ民族らしいやり方で独自の発展をする見込みだった。しかし、共産党の赤軍はウクライナを征服し、武力でソビエト連邦に組み込んだ。つまり、ウクライナにおける共産化は「モスクワから来た近代化の波」として行われたのではなく、モスクワから来た侵略軍によって無理矢理させられたものだ。ウクライナ人の多数派は、独立を望んでいた。

1991年の共産主義の打倒の動きはたしかにモスクワで始まったが、それをロシアからウクライナへの近代化の波として見るのは間違っている。なぜなら、当時ウクライナは全体主義体制下のソ連の植民地だった。征服され、支配された民族の意向を、支配者は当然弾圧する。だから、ウクライナ独自の反共、反ソ連の動きはすべてソ連当局に潰されて、その活動家は処刑、もしくは投獄されていた。

つまり、ウクライナで共産主義の打倒の動きはなかったのではなく、力で潰されたのだ。モスクワで共産主義からの脱却の動きが起きるまで、支配下にあったウクライナは共産主義から脱却できなかった。

ちなみに、ロシアは共産主義体制をやめたとはいえ、帝国主義や周辺諸国の支配をやめるつもりはまったくない。そして、ソ連が崩壊することも望まなかった。

しかし、ウクライナを含め、各国で独立運動が起きた結果、ソ連は崩壊した。ロシアは決してソ連崩壊を望まなかったし、構成共和国への支配を諦めるつもりはなかった。つまり、ウクライナはソ連から離脱したのは「ロシアからの恵み」のおかげではなく、積極的な独立運動の結果である。だから、ロシアから来る「近代化の波」というのは嘘である。

「独自性を主張するために、欧米に近づいた」というトッドの主張も、中身のない戯言だ。ウクライナは独自の伝統文化も生活習慣もある。欧米との関係を深めているのは、その方が国が発展するからであり、「支配下に入った」というのはロシアの国営のプロパガンダの繰り返しである。自国の発展のために欧米の先進国と関係を強化するのは、何も悪いことではなく当然のことだ。

ウクライナだけではなく、世界中の多くの国は、自国を発展させるために欧米との関係を強化している。トッドの論理で言うと、欧米の先進国との関係を発展させる国は「独自の推進力を待ち合わせていない」ことになる。これがいかに荒唐無稽な話か、一目瞭然である。

さらにトッドは、「十分に機能する国家を建設できない」とウクライナを侮辱している。たしかにウクライナは先進国とは言いがたいし、国内に多くの問題を抱えている。だが、先進国の基準を満たしていないだけで、その国を「十分に機能する国家を建設できない」と罵倒するのは、ただの差別意識に基づく誹謗中傷に過ぎない。そして、発展していないというだけの理由で、その国に侵略し、征服してもいいなど、論外である。

ヨーロッパの知識人という肩書きに騙されてはいけない

以上のようにトッドの主張は、嘘や出鱈目、そして物事に現実と真逆の解釈を加えることに終始している。このような本が日本を代表する出版社の一つである文藝春秋から出版されているのは驚きだ。

トッドの目的は、自由民主主義諸国の価値観を貶めて、ロシアによる侵略戦争を正当化することだ。残念ながらマスコミや学者ら一部の日本人の中には、「ヨーロッパの知識人」というだけで、その人の主張をありがたがる風潮がある。

しかし、ヨーロッパ出身だからといって、その人の論が正しいとは限らない。欧米においても、日本と同様に肩書きを利用して読者を騙し、陰謀論や出鱈目、そしてロシアのプロパガンダを広めている人もいる。知識人を装うプロパガンディストも当然いる。重要なのは、その人の出自や肩書きなどではなく、議論の内容だ。

トッドが流している主張は、反米を世界観の軸にしているヨーロッパの偽装右翼の平均的な主張だと見ていいであろう。それはほぼロシアのプロパガンダであることがお分かりいただけたと思う。

第5章

戦争で明確になった「新冷戦」の敵と味方

第1節 「新冷戦」の時代

「新冷戦」はすでに始まっている

冷戦とは、特定の価値観を持っている国家、もしくは国家間同盟が、世界における影響力、主導権を巡って競っている状態である。第二次世界大戦後の米ソ冷戦は、まさにそのようなものであった。

そして、今の国際情勢を見ると、まったく同じことが起きている。

自由、民主主義、基本的人権の尊重、法の支配といった価値観を共有している、日米欧を中心とする自由民主主義諸国と、恐怖、暴力、専制主義といった価値観を共有している中国、ロシア、イラン、北朝鮮などの独裁国家が、それぞれ陣営に分かれて、世界における主導権を巡って競っているのだ。現在の世界構造は「新冷戦」である。

米ソ冷戦時代、どの陣営にも加わっていない国は「第三世界」と言われていたが、「新冷戦」時代においても、どの陣営にも加わらずに様子見をしているグローバルサウス諸国がある。

つまり、一部の例外を除き、米ソ冷戦時代の西側諸国は現在の自由民主主義諸国、社会主義国は現在の独裁国家陣営、第三世界は現在のグローバルサウスという構図であり、価値観も概ね引き継いでいる。そういう意味で、今回の冷戦は米ソ冷戦に続く、いわば「第二次冷戦」とも言える。

第一次冷戦は西側の勝利で終わり、その後、しばらく西側が優位だった。しかし、負けた社会主義側は、敗北に納得がいかず、もう一度挑戦することにした。

断っておくと、世界のすべての独裁国家がこの独裁国家陣営に入っているわけではない。グローバルサウスにも独裁国家が多いが、彼らは中露陣営の味方というわけではない。中露を中心とする独裁国家陣営のメンバーは、ルールに基づく世界秩序を破壊し、領土拡張や世界覇権を狙っている凶暴な独裁侵略国家だ。

第二次冷戦は、第一次冷戦と同じく、理念の戦いである。ここは勘違いしてはいけない。覇権や権益はもちろん大事だが、根底にあるのは理念だ。日欧米が同じ陣営にあるのは、その方が得だから、だけではなく、共通の価値観を持っているからだ。

同様に、中露が同じ陣営にあるのは、アメリカという共通の敵があるからだけではない。損得勘定だけ考えれば、中国もロシアも、アメリカを始めとする自由民主主義諸国と敵対するより協力した方が得だ。だが、中露は敢えて損してでもアメリカの陣営を潰すことにした。

中国とロシアは、恐怖や暴力、抑圧による政治といった価値観を共有している。この価値観こそが、中露を同盟国にしている。冷戦は損得だけで分析できるものではない。

第一次冷戦と第二次冷戦は似ているところが多いが、違いもある。異なるところとは、主に独裁国家陣営が前回の冷戦の失敗から多くのことを学んだ点だ。

まず、現在の中露は、私有財産を認めない計画経済ではなく、資本主義経済を取り入れている。経済力は米ソ冷戦の時代よりはるかに強い。しかも、中国は世界経済で重要な地位を確立しており、今では多くの国が中国との貿易に依存している。そして今回の盟主は中国だ。前回のソ連と異なり、現在の独裁国家陣営の盟主は経済的に非常に強い。

また、米ソ冷戦における西側の勝因の一つは、中ソの仲違いだったこともあるので、今回の中露は摩擦を起こさない。中露が摩擦すれば、自由民主主義陣営が有利になることを、彼らはわかっている。

情報統制についても、米ソ冷戦時代には、社会主義側にとって情報統制が生命線で、自国民に本当のことを知られたら、体制が危うくなる状態だった。西側の情報が入れば、自国民が支持しなくなるような体制は脆弱だった。しかし、今の中露の国民は、西側からの情報を知った上で、自国の独裁体制を支持している。情報統制は行っているが、昔ほど完全に遮断せずとも、政府系のプロパガンダをしっかり流せば十分なレベルだ。

さらに、西側に対する影響力工作も、前回は西側諸国の左派勢力に限定されていた。右派の人間が中ソの手先になることはまずなかった。だが今は、右派の人間でも陰謀論を信じて中露の手先になっている人々がいる。

この違いを総じて評価するなら、第一次冷戦の社会主義側より、現在の独裁国家側の方が、結束、思想、宣伝、経済といった面で強くなっている。

漁夫の利を狙う中国

ロシアの侵略により、自由民主主義諸国はウクライナを支援しなければならなくなった。だが、ロシアに対する経済制裁は、ロシアにエネルギーを依存していた西欧諸国にとって、諸刃の剣となった。これらの要因が自由民主主義陣営全体の経済や国民生活に負荷をかけている。

こうした状況によって最も漁夫の利を得ている国が中国である。世界覇権を目指す中国は、自由民主主義陣営が弱っている隙を見逃さず、覇権拡大を狙う。

独裁陣営のリーダーとしての中国の地位はより明確になった。ロシアは西側に打撃を与えているが、制裁や戦争による疲弊で弱くなっている。自由民主主義諸国との貿易を制限されたロシアは、経済や技術の面で、全面的に中国に依存することになった。経済制裁を受けてもロシアの経済が破綻せずに国民生活が崩壊しないのは、中国との貿易関係があるからだ。

ロシアの命運は中国にかかっており、ロシアは中国に従わざるを得ない。

中国から見れば、ロシアは自由民主主義陣営を叩く都合のいい道具になっている。自分は直接手を汚さず、批判や制裁を受けることなく、ロシアを使って自由民主主義陣営に打撃を与えている。

中国はロシアを利用して自由民主主義陣営を試している。自由民主主義諸国はロシアの侵略にどこまでの反応をするか、その反応はどれほど強いものになるのか。ロシアはそれによってどれほどの打撃を被るのか。その打撃にロシアは耐えられるかどうか。中国は、自身でリスクを背負うことなく、こうしたことを確認し、これから起こす自身の対外侵略の時の参考にして、より成功率の高い戦略を練ることができる。まさに高みの見物である。

今のところ、中国はロシアに武器や支援物資を提供していないことになっており、表向きは中立という立場である。しかし、制裁には参加せず、ロシアと幅広い貿易関係を持ち、親密な資金や技術の協力も行い、戦争を続けられるようにロシアを支えている。

この中国との関係がなければ、ロシアはこれほど大規模な戦争を長年続ける余力はなかっただろう。中国はロシアの勝利を望んでいる。ロシアが勝利すれば、自由民主主義諸国は屈辱的な敗北を喫することになり、世界的に西側のイメージは悪くなり、求心力が失われると同時に、独裁陣営の影響力や求心力は上がる。

しかし、自由民主主義諸国は、ロシアが暴走している中、必要以上に中国と関係を悪化させたくない。西側は中国とある程度の関係を保ち、制裁措置を実施しない。暴走したロシアと比べたら、中国はまだ話が通じる相手に見えるかもしれない。だが、当然そんなことはない。中国も、ロシアと同じく世界覇権と自由民主主義陣営の崩壊を望んでいる。だから、表でロシアより常識的な振る舞いをしているかもしれないが、最終目標は同じなので、中国も西側に打撃を与えるために動いていると考えるべきだ。

「新冷戦」の起点

ところで、この新冷戦はいつ始まったのか。明確に答えるのは難しいが、ロシアによるウクライナ全面侵略の時点で新冷戦はすでに始まっていた。2022年2月の時点で、対立構造は明確だった。つまり、ロシアの全面侵略は、新冷戦のきっかけだったのではなく、すでに始まっていた新冷戦の中で、独裁国家側が起こした最初の戦争だということだ。

2014年のロシアによるウクライナ侵略開始が冷戦の始まりという見方もできる。だが、その時点で自由民主主義陣営は、独裁国家と対立しなければならないということを理解していなかった。

私の意見では、新冷戦が始まったのは、2021年のバイデン米大統領就任の頃ではないだろうか。単独外交になりがちなトランプとは異なり、同盟国重視のバイデンの元で、自由民主主義諸国はある程度まとまった。一方、ロシアや中国は、取引外交をしていたトランプとはまだ取引できると考えていたが、バイデン大統領は価値観外交をするようになったため、その対立が明確になった。

始まった時期について諸説あるにしても、新冷戦が起きることは、米ソ冷戦が終わった頃から必然だった。米ソ冷戦に勝利した後、西側諸国はとどめを刺すのをやめて、ロシアを優遇し始めた。中国に関しては、すでに1970年代から優遇している。とどめを刺すどころか、優遇まですれば、独裁国家が再び暴走することは最初から明らかだった。

ただし、日本語には「喧嘩両成敗」という言葉があるが、間違っても新冷戦は両側に責任があるという錯誤に陥ってはいけない。今回の冷戦が起きたのは必然ではあったが、決して自然発生的に起きたものではない。自由民主主義諸国は冷戦を起こしていない。独裁国家陣営が起こしたのだ。独裁国家の脅威に対応しなければ、世界は独裁国家の支配下に陥る。新冷戦が起きたすべての責任が独裁国家側にある。

戦争や対立が成立するには、両側の意向は要らない。片方が対立を起こせば、対立は始まる。自由民主主義諸国は必死に独裁国家との対立を避けようとし、できるだけ中露を宥めていた。しかし、それでも中露は世界覇権を狙い、対立を起こしたのだ。

この新冷戦の結果次第で、世界は大きく変わる。自由民主主義陣営が勝てば世界秩序は保たれる。だが、独裁国家側が勝てば世界は暗黒の時代になる。

本章では、新冷戦、そして特にロシアの対ウクライナ侵略戦争による地政学的影響について、地域ごとに見ていくことにする。

明らかになった国連と国際法の限界

まず、この戦争が国際社会に与えた大きな影響として、国際連合を中心とした安全保障体制はもはや機能していないことが明らかになった。

今まで国連主導で多くの国際問題を解決してきたのは確かである。だが、国連主導で解決できるのは、国際社会の支援に依存している弱い国、もしくはある程度ルールという概念を持つ常識のある国の間に起きる問題のみだった。今回のロシアの侵略行為により、強力で凶暴な独裁国家が暴走した場合、その問題を国連主導では解決できないことが示された。

例えば、国内の治安について考えてみよう。もし、警察が一般的な犯罪者を捕まえることはできるが、強力なマフィア組織による犯罪は怖くて取り締まれなかったら、それは、「警察が機能していない」状態である。早急に警察組織の根本的な改革や強化が必要だ。

国際社会においても同じことが言える。ロシアの侵略行為を止められない国連主導の安全保障体制は機能していない。その見直しと、世界の平和を維持できる安全保障体制の再構築が必須の課題だろう。

また、ロシアによるウクライナ侵略は国際法が無力であることを示した。国際法は主に、国家間で結ばれる多くの条約や国際慣習などから成り立っている。その目的は国家間の関係についてのルールを定めることである。国際法の最も重要な役割は、ルールを定めることによって戦争を防ぐことではないだろうか。

ところが、国際法はロシアによる侵略を防ぐことができなかった。そして、この戦争の終結にも役に立っていない。国連主導の安全保障体制が無力であるのと同じく、国際法も弱い国には効力を発揮するが、凶暴で強力な独裁国家には効かないということだ。国際法の諸条約も、平和維持ができるように、今後必要な修正を加えるべきだろう。

第2節　西欧・北欧諸国——ロシア依存との決別と親露派勢力の台頭

平和ボケから目覚めた西欧諸国

ロシアによるウクライナ侵略が各地域に及ぼした影響について、まずは西欧諸国から見ていきたい。

いわゆる「平和ボケ」からの目覚めという意味で、西欧諸国は大きな影響を受けた。今回の全面戦争前夜、自由民主主義諸国では、対露宥和路線が主流だった。特に西欧諸国は、宥和姿勢が強かった。

アメリカなどはロシアへの制裁を進めていたが、西欧諸国、特にドイツとフランスは制裁に消極的で、ロシアとの貿易関係とプーチンとの対話が重要だと言っていた。

ロシアによるウクライナ侵略は２０１４年のクリミア併合から続いており、ロシアがヨーロッパを意のままに操るための武器としてエネルギー資源を利用していることは明らかだった。それにもかかわらず、ドイツをはじめヨーロッパ各国はロシアの天然ガスを買っていたし、ドイツはガス取引の拡大のために、ガスパイプライン「ノルドストリーム２」の建設を進めていた。

イギリスを除き、特にドイツとフランスは、ロシアとの対話、貿易は重要で、制裁は形式的なものに止めるべき、そして、ロシアとの関係はいずれクリミア併合の前の状態に戻るだろうと考えていた。当然、ウクライナへ武器を送るなどもってのほかだった。

だが、今回の全面戦争で西欧諸国のこうした認識は改まった。ドイツとフランスはロシアの脅威にある程度気づき、防衛力強化の路線を取った。また、絶対にあり得なかったウクライナへの武器提供も徐々に実現した。最初はヘルメットしか提供しなかったドイツは、今は戦車や高度な防空装備を提供している。あれほどロシアに宥和的だったフランスも、榴弾砲だけではなく、巡航ミサイルの提供に踏み切り、ロシア国内への攻撃も認めた。この認識の変化は凄まじい。

イギリスだけが、最初からロシアに対して他の国より毅然とした姿勢を取っており、それが正しかったことが示された。イギリスは価値観や外交姿勢の面で他の西欧諸国の模範となっている。

唯一悔やまれるのは、イギリスが2020年1月31日にEUから離脱したことだ。もしイギリスがEUに残留していれば、イギリスの意見はEU内で大きな影響力を持っただろう。対露制裁と対ウクライナ支援、そして、ヨーロッパの外交、防衛政策には、NATOだけでなく、EUも大きな役割を果たしているので、イギリスが離脱していなければ、EU全体は今よりもっとしっかりした政策を実施できたであろう。

とはいえ、イギリス抜きでもEUは、かつてと比べれば変化が著しい。EUは、仕組み上できる範囲で、ウクライナに対して積極的に軍事支援を行っている。かつてのEUなら、経済支援や対露制裁程度でとどまっただろう。

だが、ヨーロッパ各国はこれまでに大規模な軍縮を行っていた。欧州連合外務・安全保障政策上級代表（欧州委員会で外務大臣に当たる役職）であるジョセップ・ボレルは、ヨーロッパ各国の軍隊を「盆栽」に例えた。盆栽は一見、木のように見えるが、実際は木よりはるかに小さい。同じように、ヨーロッパ各国の軍隊は一見、ちゃんとした軍隊に見えるが、数は非常に少ないので、強い敵に対してまったく戦えない。

ヨーロッパ各国が大規模な軍縮を行ってきたことは大失敗だったが、このボレルの発言から明らかなように、ヨーロッパ人はようやくこの問題を認識し、防衛力強化に路線を転換した。

北欧フィンランドとスウェーデンのNATO加盟

北欧の両国は長年、中立路線は戦争などに巻き込まれないための保障だと思っていた。しかし、ロシアによるウクライナ全面侵略で、彼らは中立路線が安全を保障しないことに気づいた。本当に安全でありたいなら、しっかりした集団防衛体制に入らなければならない。

そこで、第二次世界大戦以降、東西対立において常に中立路線を取っていたフィンランドと、約200年も中立を保っていたスウェーデンは、NATO加盟を申請し、フィンランドは2023年に、スウェーデンはトルコとハンガリーの妨害のために遅れたが、2024年に加盟できた。それにより、両国の安全保障戦略は完全に自由民主主義陣営の一員に相応しいものになった。

今では、スウェーデンとフィンランドは、他の多くの既存NATO加盟国よりウクライナ支援に積極的だ。

ロシアとの関係を断つ

これからどうなるかわからないが、少なくとも本書が執筆された時点で、「アメリカはロシアの脅威に対抗することに積極的だが、西欧諸国は積極的ではない」という構図は変わりつつあるという印象を受ける。

例えば、アメリカがまだウクライナに航空戦力を提供しないという姿勢を取っていた2023年後半、オランダ、デンマークとノルウェーは、戦闘機の提供を表明した。

西欧諸国は、アメリカが孤立主義に陥りがちなところがあることにも気づきつつあるようだ。もちろん、アメリカには前からそのような傾向があったが、平和な時代にはそれほど問題視されなかった。しかし西欧諸国は、アメリカ抜きではいざという時に自国を防衛する力がないことに気づいた。だから、万が一アメリカに頼れなくなっても、ヨーロッパだけで脅威を撃退できる防衛力を身につけなければならなくなった。

当然、外交・安全保障への影響だけではなく、経済への影響も大きい。ロシアのウクライナ侵攻後、西欧諸国は段階的にロシアからのエネルギー資源の輸入を縮小している。長年依存していたため、短期間で輸入を停止するのは難しいが、少しずつ縮小している。また、エネルギー資源だけでなく貿易全般について、対露制裁のため、西欧諸国とロシアとの間の貿易は縮小している。

そのためロシアは、エネルギー資源輸出をはじめ、貿易全体を中国やインドなど、自由民主主義諸国以外の国に移している。だから、仮に今回の戦争が終わったとしても、西欧諸国とロシアの貿易関係が戦争前の規模に戻る可能性は低い。

今まで、特に西欧諸国は、エネルギー資源の輸入をはじめロシアとの貿易を重視していたため、ロシアの凶暴な振る舞いを見て見ぬふりする傾向があった。だが、貿易の縮小と共に西欧諸国の対露依存度が減るので、これからはロシアの凶暴な振る舞いに、より早い段階で毅然とした態度を取れるようになるだろう。

この戦争の結果、西欧諸国とロシアは切り離され、政治体制や思想だけでなく、経済関係や日常生活の面でも完全に別の陣営の国になった。かつて存在していた、政治的には独裁側だが経済的には西側という構造はもはや消滅した。

国内親露派ポピュリスト勢力の伸長

一方で、ロシアのウクライナ侵略は、西欧諸国における親露派勢力が健在であることを明らかにした。ロシアに宥和的な勢力は以前から存在していた。彼らは、ロシアは信頼できるパートナーだからロシアと仲良くした方がいいと主張していた。いわゆるポピュリスト（大衆迎合主義者）の中にも親露派勢力がいる。ポピュリストは、「既存の政治家は今の多くの問題を解決できないが、自分たちは解決できる」と主張し、支持拡大を狙う。

ロシアが全面戦争を起こしたことにより、さすがにポピュリスト勢力も考え方を変えるかと思われたが、彼らはいまだにロシアと仲良くすべきだと言い続けている。しかも、彼らへの支持は減っていない。それどころか、支持率を伸ばしている国もある。つまり、西欧諸国にも、多数派ではないとはいえ、侵略戦争を容認する国民が一定数いるということだ。

そのため西欧諸国の首脳は、中露独裁陣営の物理的な脅威だけではなく、国内に存在するポピュリスト勢力の脅威にも備えなければならなくなった。

ロシアによるウクライナ侵略の長期化や中東の混乱などにより、世界経済は悪化し、国民生活の水準は低くなるだろう。また、難民問題、食糧問題、テロ問題などで、多くの人は不安な気持ちになるだろう。そこで親露派ポピュリスト勢力は、これらの問題を利用して、さらなる支持拡大と政権交代を狙うに違いない。

ポピュリスト勢力がこうした問題を解決できるかはわからないが、政治能力が高いとは思えないので、むしろ悪化させる可能性もある。だが、生活水準が低くなり不安を感じる一般国民は、単純なスローガンに騙され、ポピュリスト勢力の主張を支持してしまう恐れがある。

ロシアによるウクライナ侵略は、西欧諸国において二つの真逆の流れを加速させたと言える。一つは、今まで放置していた多くの問題の深刻さに気づき、認識を改めた人たちが改善の努力をしはじめた傾向である。もう一つは、国際協調の否定と独裁国家への宥和路線へとさらに先鋭化した人たちが西欧を間違った方向へ引っ張ろうとする傾向である。

西欧諸国で起こったこうした流れは、アメリカやアジア諸国にも影響を与えているし、例えば、アメリカにおけるトランプ政権の再登板が、トランプと親和性のある西欧諸国のポピュリストへの追い風となり、それぞれの国で影響力や発言力を伸ばす可能性もある。

以下、他の地域への影響について解説するが、それもまた西欧諸国にも影響していることを念頭に置かなければならない。

第3節　東欧諸国——ロシアへの危機感とウクライナ積極支援

「次は自国かもしれない」という危機感

東欧諸国は、第一次、第二次世界大戦でナチスドイツとロシアの挟み撃ちになり、戦後は「社会主義圏」という名のソ連の占領状態を、約45年間も経験した。そのため、国によって多少の差異はあるものの、基本的にロシアの脅威に対する危機感が強い。だから、今までEUやNATOにおいて、ロシアに融和的な西欧諸国との間で温度差があった。

しかし、今回の全面戦争によって、この温度差は解消された。東欧は正しく、西欧は間違っていたことが明白になったからだ。フランスのマクロン大統領は、「ロシアについてもっと東欧の声を聞くべきだった」と発言しているが、この論調の変化が、西欧の対露認識が東欧に近づいていることを象徴している。

地理的に近く、「次は自分たちかもしれない」という危機感を持っている東欧諸国の対露認識はさらに進んだ。ロシアとベラルーシと陸で国境を接しているポーランドやバルト三国は、防衛力強化の路線を取った。ポーランドとバルト三国はNATO加盟国だが、特にバルト三国は人口や国土面積が小さいので、自国単独の軍事力を強化するよりもNATOの集団防衛体制の中で自身の防衛戦略を考えていた。規模の小さい国では、自前の防衛力強化には限界がある。NATOの防衛戦略の中で一役を担う方が効率がいい。

だが、これはNATOの抑止体制が機能している前提の戦略である。ウクライナにおける悲惨な戦争を目にし、万が一、抑止力が効かなければどうなるか、考えるようになった。

実際に攻撃を受けた場合、最終的にはNATO軍が展開され、反撃するにしても、ロシア軍の第一撃は自国で受け止めなければならない。だから、エストニアのように人口140万人の国でも、集団防衛に頼るだけでなく、多少非効率であっても、独自の軍事力も強化するようになったのだ。エストニアは、ロシアとの国境に航空機を敵の攻撃から守るためのコンクリートの掩体壕《えんたいごう》の建設を行っている。

かつて東欧では、「仮にロシア軍が攻めて来たら、それを国境付近で迎撃するのではなく、いったん激戦を避けながら自国軍が撤退し、NATOの空軍力でロシア軍に十分な打撃を与えた上で、領土を奪還すればいい」という考え方もあった。

ところが、ウクライナでブチャの虐殺があった。この虐殺でわかったように、仮に短期間の占領でも、ロシア軍は占領地の民間人を無差別に殺す。だから、ロシア軍を国内に入れず、国境付近でロシア軍を食い止めるように、独自の軍事力を強化するようになったのである。

積極的なウクライナ難民受け入れ

一方で、東欧諸国は、西欧諸国と比べて国際貢献や難民受け入れについて積極的ではなかった。だが、この戦争でそれも完全に変わった。

東欧諸国は、西欧諸国と比べると経済の規模が小さい。だから、ウクライナ支援額は西欧諸国の方が大きい（**図9**）。ただし、GDP比で見ると、ウクライナを最も支援しているのは東欧諸国である。特にエストニアの対ウクライナ支援は、GDP比の1％を超えている（**図10**）。

また、社会風習の違いや財政的な余裕がないといった理由で難民受け入れに消極的だった東欧諸国だが、ウクライナからの避難民を東欧諸国の国民は歓迎した。全面戦争勃発後、ウクライナからは約1000万人が避難したが、その多くは地理的に近い東欧諸国に避難した。西欧に比べて金銭的な余裕のない東欧諸国だが、大量に避難してきたウクライナ人に住居や生活費、そして新しい環境に慣れるためのサポートを提供してくれている。

EUとNATOへ加盟申請

旧ソ連圏のモルドバやジョージアは、まだEUやNATOに加盟していない。だが、全面

図 9　ウクライナへの支援額
（2022 年 1 月～ 2023 年 1 月 15 日）

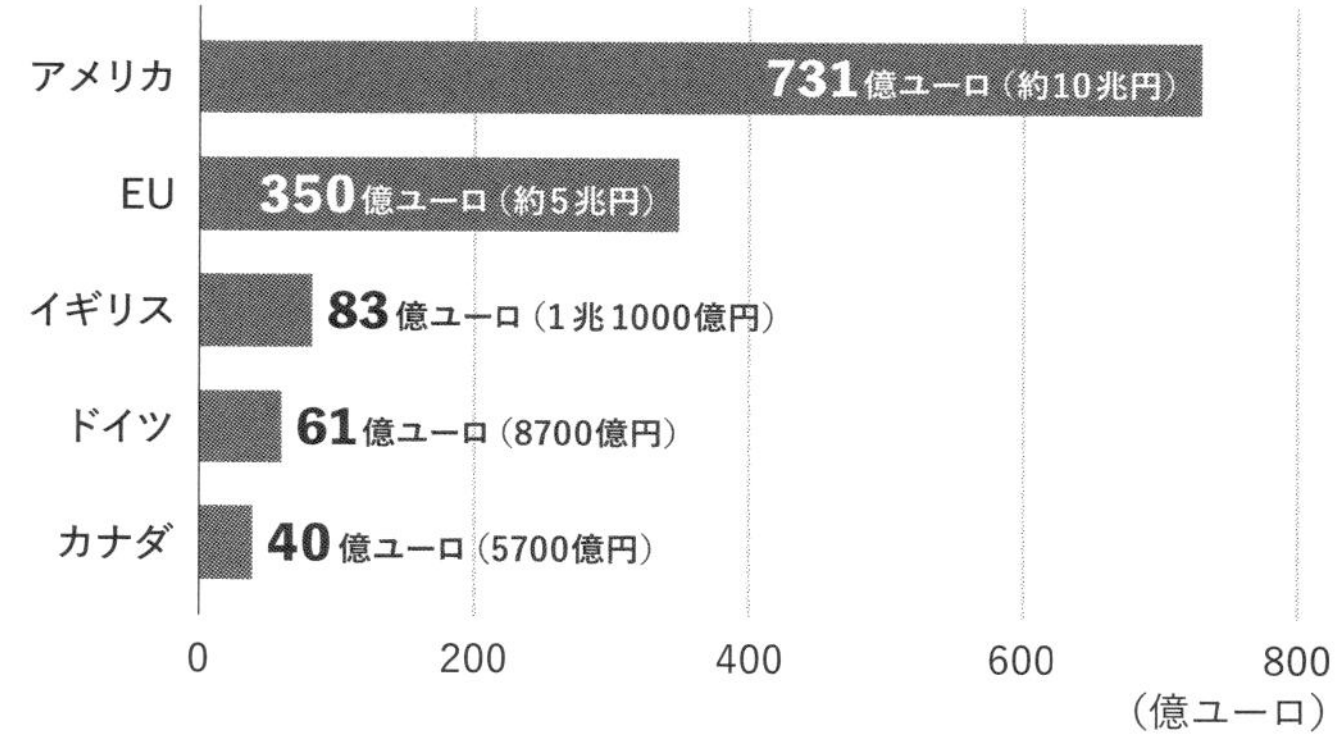

［キール世界経済研究所集計］

図 10　ウクライナへの支援額（GDP比）
（2022 年 1 月～ 2023 年 1 月 15 日）

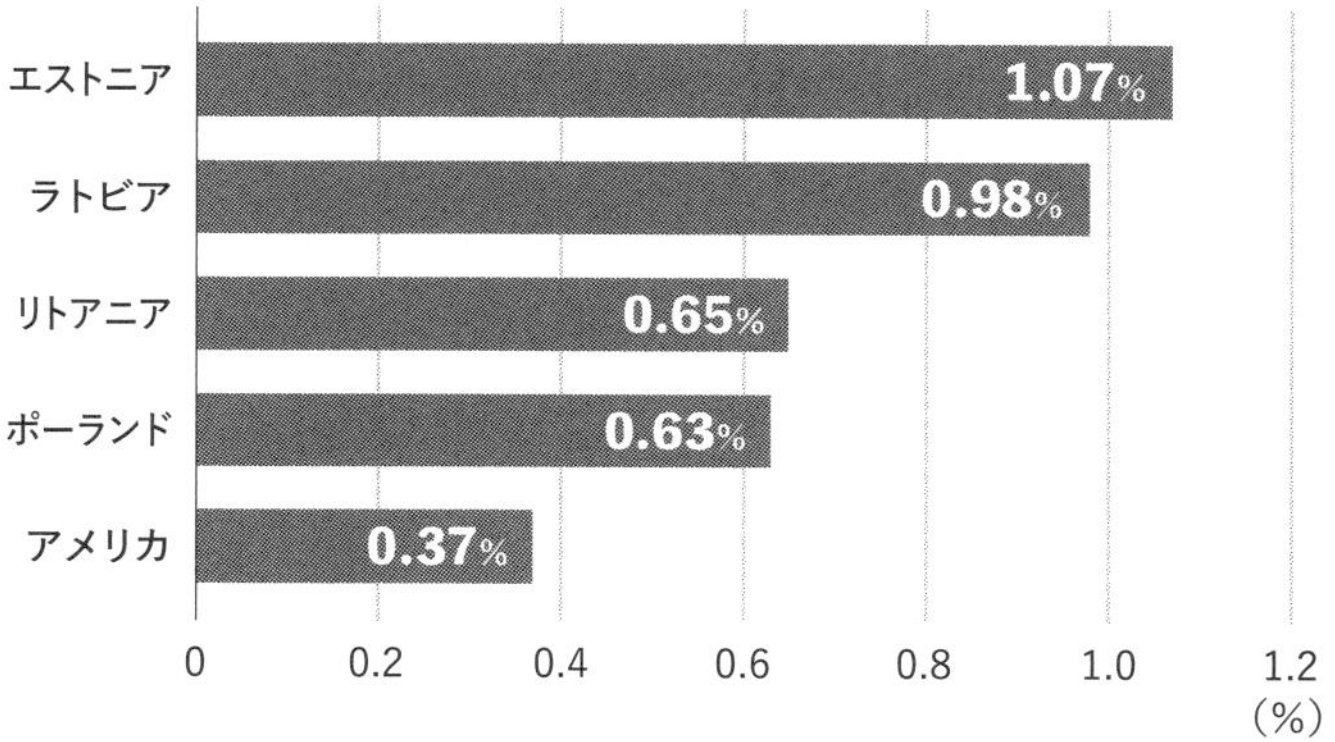

［キール世界経済研究所集計］

侵略を受けたウクライナが即座にEU加盟を申請すると、モルドバとジョージアもそれに続いた。そして、2022年にウクライナとモルドバ、2023年にジョージアがEUの加盟候補国になった。また、ウクライナとモルドバについては、2023年に加盟交渉開始も決定された。このスピードは、旧ソ連圏の東欧諸国とEUとの距離が縮まったことを物語っている。

ロシアの暴挙は、東西ヨーロッパの連帯も強めた。EUはハンガリーのオルバン首相の反対を押し切ってまで、この加盟交渉開始を決定した。もちろん、候補国の資格と交渉開始はあくまでスタートラインで、実際に加盟が実現するには10年以上かかるだろう。しかし、全面戦争の前はスタートラインに立つこと自体が不可能に近かったので、変化は著しい。

コーカサス地方においても大きな影響がある。伝統的にロシアとの関係を重視してきたジョージア、アゼルバイジャン、アルメニアらコーカサス諸国だが、ロシアはいつ何をやり出すかわからない危険な国だということに気づいた。だから、安心して信頼できる相手ではないロシアに凶暴な振る舞いの口実を与えないように、コーカサス諸国は表でロシアとの関係を保ちながら、ロシアから距離を取ろうとしている。

国土の20%がロシアに占領されているジョージアでは、政府は親露派だが、国民感情はかなり反露になった。ロシアで動員が始まってから、ロシアから多くの移民がジョージアに来た。だが、彼らはジョージア国民から嫌われ、冷遇に遭っている。一方、多くのジョージア人がウクライナ軍の外国人部隊で戦っている。

ジョージア人は、自由民主主義諸国側に近づかないと、いずれ自分たちも侵略のターゲットになることを理解したので、少しずつロシアと距離を取ろうとしている。だが、ロシアも当然それを理解して、必死にジョージアを自分の影響下にとどめようとしている。

ズラビシュヴィリ前大統領は親欧米派で、ウクライナ戦争以降、自由民主主義諸国と歩調を合わせて対露強硬路線を求めていた。だが、ジョージアの大統領の政治的権限は小さい。４年ごとの議会選挙が２０２４年10月に行われ、親露派与党「ジョージアの夢」が勝利した。ジョージア政府はＥＵの加盟交渉を中断することを決定した。ズラビシュヴィリ前大統領や野党は選挙で不正があったため、選挙結果を認めないと主張していた。

だが、12月の大統領選挙で、与党「ジョージアの夢」が擁立した元サッカー選手で前議会議員のカベラシビリ氏が当選した。ただし、今回から国民の直接選挙でなく議会議員らの投票で選出することになった。親欧米派のズラビシュヴィリ前大統領や野党、国民は、10月の議会選、12月の大統領選挙に不正があったとして反発するなど、混乱が続いている。

ナゴルノカラバフ紛争への影響

また、ロシア・ウクライナ戦争は間接的に、長年のナゴルノカラバフ紛争の解決を可能にした。アゼルバイジャン国内には、昔からアルメニア人が住んでいるカラバフ地方があった。だが、ソ連崩壊後、カラバフに住むアルメニア人が蜂起し、未承認国家ナゴルノカラバフ共和国（アルメニア名＝アルツァフ共和国）を作った。カラバフのアルメニア人とアルメニア本国の軍事的な勝利によって、カラバフ地方や周辺のアゼルバイジャンの地域は、アルメニアの実効支配下に入った（**図11**）。

ロシアは長年、アルメニアの味方のふりをしながら、カラバフを巡る領土紛争を利用して、アルメニアにもアゼルバイジャンにも影響力を及ぼしていた。両国は、大国のロシアが相手方の味方に付くとまずいと思い、ロシアに配慮した外交を行っていた。特に、領土を実効支配していたアルメニアにとって、ロシアからの支持は死活問題だった。

ロシアにとっては、カラバフ紛争の解決によってアルメニアとアゼルバイジャンが和平するのではなく、紛争が永遠に続くことによって両国への影響力を維持する方が都合がよかった。だから、ロシアは「仲介国」を名乗りながら、実際は問題が解決しないような工作を長年続けていた。

だが、２０２０年の秋に起きた第二次ナゴルノカラバフ戦争で、アゼルバイジャンが軍事

図11　1990年代のナゴルノカラバフ地区

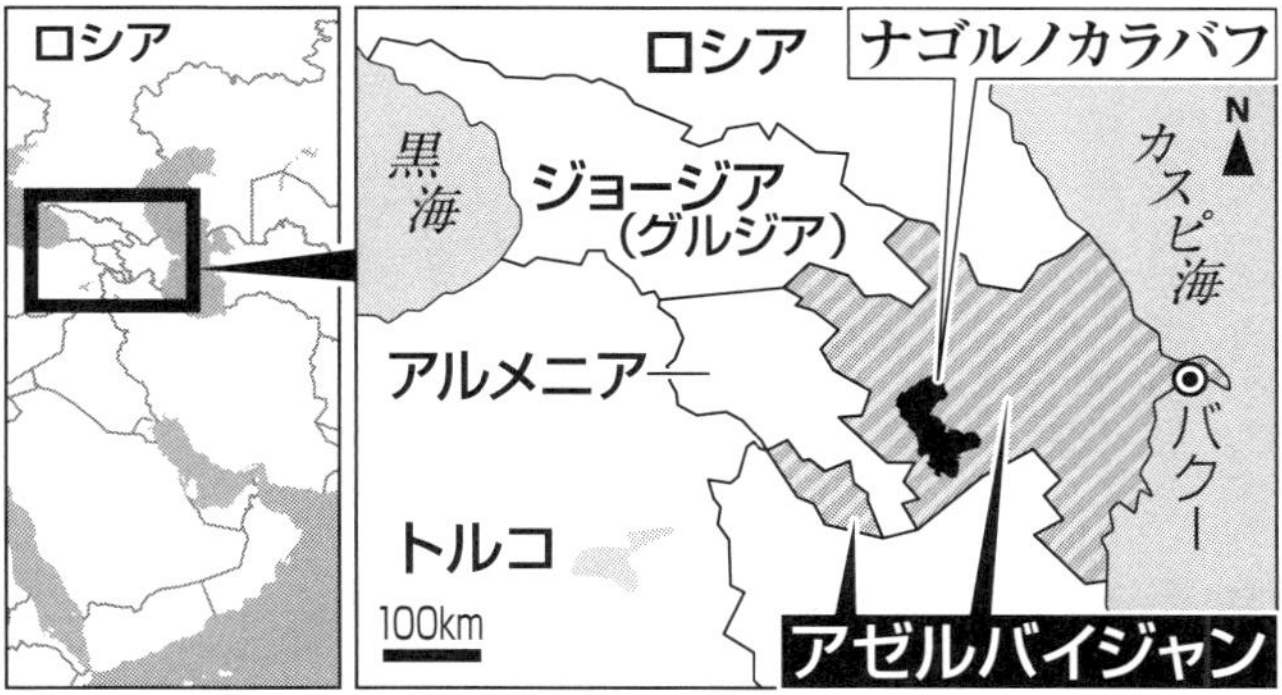

［提供：共同通信社］

的に勝利し、周辺地域やカラバフの一部を奪還した。そこに、「平和維持」という名目で、ロシア軍が入り、カラバフに配備された。

アゼルバイジャンより軍事的に劣っているアルメニアは、ロシア軍なしでカラバフを維持するのは不可能になった。アルメニアはさらにロシアへの依存度を高めた。アゼルバイジャンも万が一ロシアを怒らせ、カラバフに駐屯しているロシア軍がアルメニアの味方をした場合、また領土を失う恐れがあったので、ロシアに遠慮した外交を続けなければならなくなった。

アルメニアを守らなかったロシア

しかし、2022年2月に始まったロシアによるウクライナ全面侵略が、この状況を一変させた。2023年の秋に、アゼルバイジャンは再び軍事作戦を開始したが、今度はアルメニア人は戦わずに、最初から降伏した。

ロシアにとってはアゼルバイジャンによる軍事作戦を容認し、アルメニアを痛めつける方が都合がよかった。なぜなら、ロシアはアルメニアのパシニャン政権が自由民主主義陣営に近づこうとしているのを許せなかったからだ。カラバフで駐屯していたロシア軍は、アゼルバイジャンによる攻撃を阻止せず黙認した。

ロシアの見立てでは、カラバフでの敗戦によって、アルメニア国内が混乱に陥り、親欧米のパシニャン政権が崩壊し、再びアルメニアに親露派政権が誕生するはずだった。ロシアはいったんカラバフを失うかもしれないが、アルメニアそのものが手に入れば、コーカサス全体での影響力を維持できると思っていたのだろう。

ところが、アルメニアはあっさり降伏して、前から覚悟していたかのような早さでカラバフの放棄を決めた。未承認国家アルツァフ共和国は解散し、その全人口はアルメニア本国に避難した。そして、アゼルバイジャンが、旧ソ連から独立して初めて、国際的に認めた国境を全部実行支配するようになった。

アルメニアでは、敗戦による混乱や敗戦の責任をパシニャン政権に求める動きではなく、ロシアへの怒りが爆発した。ロシアはアルメニアを守ると言っておきながら、2020年にも2023年にもまったく守らなかった。アルメニアは長年、ロシアを頼っていたが、いざという時にロシアは何もしなかった。それどころか、逆にアゼルバイジャンの攻撃を容認した。アルメニアは、ずっとロシアに振り回されていただけだということに気づいた。

アルツァフ共和国を失い、もはやロシアの顔色をうかがう必要のなくなったアルメニアは、ロシアの勢力圏から離脱しつつ、少しずつ自由民主主義諸国に近づいている。皮肉なことに、屈辱的な敗北と民族の土地の喪失は、アルメニアにとって真の独立、そして発展と繁栄の道を開いた。

一方のアゼルバイジャンだが、領土問題を抱えている間は、ロシアがアルメニアに加担しないように、ロシアの顔色をうかがっていた。だが、領土を奪還し、国際的に認められた国境を回復した。また、ロシアとアルメニアの関係が悪化した今、ロシアとアルメニアがカラバフの再奪還を試みる可能性もない。だからアゼルバイジャンもロシアに遠慮する必要がなくなった。

ナゴルノ・カラバフ紛争は、アゼルバイジャンによる一方的な攻撃ではなく、アルメニアとアゼルバイジャンの話し合いで解決するのが理想だった。だが、善し悪しは別にして、35年間存在したカラバフ問題はこうして終結した。そして、ロシアによるアルメニアとアゼルバイジャンに対する影響力も激減したのである。

親露ハンガリーへの圧力

今回の戦争は東欧諸国に、対露警戒、ロシアの影響力の低下、脱ロシアといった影響を及ぼしたが、一方で、西欧諸国と同様に東欧諸国でも親露派勢力が健在であることも明らかになった。

ハンガリーは、NATOにもEUにも加盟しているが、現在のオルバン政権は親露派である。オルバン首相が率いる右派与党「フィデス・ハンガリー市民連盟」は2022年4月の議会選挙で、54%の得票率で単独過半数を占めた。

NATOとEUでは、重要な決定はすべて全会一致で決めなければならない。しかし、オルバン首相は、ウクライナに対する支援やロシアに対する制裁の決定に度々反対することがあるため、決められないことがある。

ウクライナのEUへの加盟交渉を開始する投票についても、オルバン首相は絶対に賛成しないと表明していた。今までのEUであればこれで諦めていたかもしれないが、その時、EUは思い切った手段に出た。他のEUの首脳はオルバン首相に、投票が行われる時に欠席するように促したのだ。オルバンが部屋を出た結果、反対した国は一つもなく、「出席者の中で」全会一致でウクライナとの加盟交渉開始が決定された。

ハンガリーは他にも、ウクライナへの経済支援やスウェーデンのNATO加盟も妨害していたが、ＥＵやＮＡＴＯからの適切な圧力で、最終的には賛成に回った。

ロシアの脅威に直面した結果、ＥＵは物事を前に進めるために、前例のない対応を取ることができるようになった。

スロバキアで親露派政権返り咲き

スロバキアでも、２０２３年に議会選挙が行われた結果、親露派のロベルト・フィツォが首相に返り咲いた。

伝統的に反露の急先鋒のポーランドですら、２０２３年10月の議会選挙で、下院では親露ポピュリスト政党の「同盟」が６・８％の得票率で議席を獲得した。

以上のように、東欧諸国でも西欧諸国と同じく二極化の現象を観察できる。ただ、東欧における親露ポピュリストはハンガリーやスロバキアのように、仮に政権を取ったとしても、国力の規模が違うので、ＥＵ全体の方針に大きな影響を及ぼすことはない。そういう意味で、もし西欧諸国でオルバンのような人物が政権を取ることがあれば、その方が大きな問題になる。

いずれにしても、今回の戦争によってロシアの脅威に覚醒した多くの常識的な人は、ロシアの直接的な脅威に備えるだけではなく、ロシアを利するポピュリズム勢力が国内で広まらないように努力をしなければならないことが明らかになった。ロシアから見れば、ポピュリズム勢力は、戦争せずにヨーロッパを手に入れる手段だからである。

第4節　アメリカ――くすぶる孤立主義への回帰

ウクライナ支援継続に批判的な共和党

今回の全面戦争は、アメリカの多くの問題点を浮き彫りにした。自由民主主義諸国のリーダーであるはずのアメリカは今、深刻な停滞に陥っている。ヨーロッパのような覚醒の効果はほとんどなく、ポピュリズムの波だけが強くなっている。

第二次世界大戦以降、アメリカは積極的な外交を行い、世界の主導権を握ってきた。特に共和党政権は、より毅然とした外交を行い、独裁国家の暴挙を許さない姿勢が目立っていた。一方、民主党政権は弱腰とまでは言わないが、共和党と比べると独裁国家に対して強い姿勢を取ることに慎重だった。

ところが、この構造は近年変わりつつある。現在、共和党支持層は積極的な外交ではなく、孤立主義を求める。2016年から2020年までアメリカの大統領を務めていたドナルド・トランプは、共和党支持層で圧倒的な人気を誇っている。2024年大統領選挙の共和党予備選でも圧倒的多数で勝利したことが、共和党支持層の意向を明確に示している。

トランプはその勢いのまま、11月の大統領選挙でもすべての激戦州を制し、約7730万票という、歴代共和党候補の最高得票数で、民主党のカマラ・ハリス候補に圧勝した。つまり、孤立主義姿勢は多くのアメリカ国民にも容認されているということだ。

今回の全面戦争が勃発した頃、共和党支持層も民主党支持層も同じくらいの比率でウクライナへの支援を支持していた。しかし戦争が長引くと、共和党支持層ではウクライナ支援継続への支持率が下がってきた。一方、民主党支持層はほぼ下がっていない。この傾向から、共和党支持層は国際問題や国際秩序、安全保障に対する関心が低下していることがわかる。トランプとその支持者の多くはウクライナへの支援に反対する言説を繰り返しており、これも共和党支持層に影響を与えている。

今回の全面戦争によって、共和党は覚醒したどころか、さらなるポピュリズムに陥った。もはや今の共和党は、外交、防衛、安全保障を重視したかつての共和党ではない。今あるのは、共和党という名の「トランプ党」だ。

トランプ大統領なら戦争は起こらなかったか

このトランプ党は、国際問題を正しく理解していないし、そもそも関心が低い。それは、ドナルド・トランプのウクライナに関する発言からよくわかる。

トランプは以前より、「自分が大統領なら今回の戦争は起きなかった」と主張してきた。もちろん、実際にそんなわけがない。仮にトランプが大統領でも、この戦争を防ぐことはできなかった。トランプは、プーチンが取引を求めていたと思い込んでいるので、「自分ならうまくプーチンと取引できただろう」と考えているようだ。

ところが、プーチンは取引などを求めていない。プーチンはウクライナの完全支配と西側諸国が東欧諸国をロシアの勢力圏として認めることを求めている。西側諸国がそれを認めないかぎり、今回の戦争を防げなかった。

もし、トランプがプーチンの要求を呑むことで戦争を防げたという意味で言っているなら、それは、西側が戦わずしてロシアに全面降伏するのと同じ意味である。

ロシアの要求を呑まずに今回の戦争を防ぐ方法があったとすれば、それはアメリカがウクライナを軍事力で守る方法しかなかった。だが、これも現在のアメリカでは、非現実的であろう。アメリカの世論は、正式な同盟関係のない国を血を流して守ることに否定的だから、トランプだろうが誰だろうが、派兵の決断はできなかっただろう。

バイデン発言がロシア全面侵略を招いたのか

ここで注意すべき点がある。ロシアがウクライナの国境周辺で軍を増強させ緊張が高まる2022年2月10日、バイデン大統領は、ロシアがウクライナに侵攻した場合、ウクライナ国内にとどまる米国民の退避のために米軍を派遣する考えはないと言明した。この発言がプーチンの侵略の引き金になったと批判している人が多い。

だが、このような批判をする人は国際情勢を理解していない。仮にバイデンがこの発言をしなかったとしても、プーチンは侵略をしたからだ。プーチンには言葉による牽制、威嚇などが効かない。プーチンは、本気で派兵する覚悟があるかどうかを見極めているからだ。だから、アメリカが実際に軍事力でウクライナを守る覚悟がない状態で大統領が何を言おうが、プーチンにはお見通しだ。

仮にその時点での大統領がトランプだったとして、彼が「ウクライナを守る」と発言したとしても、実際にはアメリカは動かないとプーチンは見抜いただろう。そして、ウクライナへ侵攻しただろう。

トランプは大統領選挙期間中にも、ウクライナへの武器提供を止め、この戦争を24時間で終わらせると発言していた。だが、こんなことができるわけがない。ウクライナへの武器提供を止めたら、ロシア軍は攻勢になり、ウクライナを完全征服するまで侵略し続けるだろう。

もしトランプがウクライナに、ロシアに降伏するよう説得するつもりなら論外だ。ウクライナが降伏したら国民はロシア軍に虐殺される。ウクライナに降伏という選択肢はない。

トランプは大統領選で勝利した後、プーチンとゼレンスキーに和平交渉をさせるとも言っていた。たしかにゼレンスキーに交渉するように要請すれば、ゼレンスキーは応じるだろう。しかし、プーチンはどうか。トランプにはプーチンを停戦させることができるのか。停戦のための交渉をプーチンとすることはできるかもしれない。だが、それが停戦という結果につながるとはかぎらない。

トランプがプーチンに停戦を提案した場合、プーチンはウクライナ南東部5州の明け渡し、武装解除と政権交代を求めるだろう。このような条件をウクライナが呑むわけがない。そしてロシアはこの条件を呑まなければ、停戦に応じる気はない。

この状態でトランプはどうするつもりなのか。本書が執筆された時点でトランプがまだどのような行動を取るかわからない。だが、彼の楽観的な思惑通りにはならないだろう。

この戦争を止める唯一の方法は、ウクライナにロシア軍を排除するために必要な武器を提供することだけだ。それをトランプはまったく理解していない。

ウクライナ問題に関する認識からわかるように、トランプ率いる共和党は、国際情勢と独裁者の論理が分かっていない。トランプは、独裁者と仲良くすれば独裁者は暴走しないと思い込んでいるようだが、そんなことはない。独裁者の論理は単純で、征服が物理的に可能になったら、征服を実行する。征服が失敗する可能性が高い場合は征服しない。それだけだ。

このような、アメリカの国際問題に対する無理解と無関心は、今回の全面戦争によって改善したどころか、さらに深刻化した。オバマ政権の弱腰外交が図らずも示した「国際問題にしっかり対応しないと混乱が起きる」という教訓を、アメリカはもう忘れてしまったようだ。ポピュリストや孤立主義者は、「ややこしい問題に手を突っ込んだら戦争に巻き込まれる」というまったく間違った結論を出した。

民主党の優柔不断

また、この戦争は民主党の優柔不断な姿勢を露わにした。民主党政権によるウクライナへの武器支援の決断は、一つひとつ遅かった。新しい種類の武器を提供する判断は、毎回時間がかかり、その度にウクライナ軍はロシア軍を叩く機会を逃していた。

もし全面戦争の開戦直後、アメリカが大量に全種類の武器を送ってくれていれば、ウクライナ軍は本格的な全面戦争の準備をしていないロシア軍を叩くことができただろう。

しかし、アメリカの武器提供が遅れたため、ロシア軍は総力戦の準備をすることができた。

複雑な防衛線を築くこともできた。ロシア軍を叩くには、当初よりはるかに多くの武器が必要になってしまったが、後の祭りだ。

民主党政権やバイデン大統領は、ロシアを勝たせてはいけないということを理解しているので武器提供を続けていたが、種類や数量の制限のない大規模な提供には最後まで踏み切らなかった。彼らはまだどこかで、ロシアとの「エスカレーション」を恐れているのかもしれない。

だが、ウクライナではすでに最大限のエスカレーションが起きているので、これ以上恐れることは何もない。今回の戦争は、民主党の認識の限界を浮き彫りにしたと言える。

無視できないベネズエラへのロシアの影響力

この戦争の影響は世界中に飛び火する可能性がある。現在、自由民主主義諸国と独裁国家の対立の主戦場はウクライナとなっているが、ロシアとしては世界、そして特にアメリカの注目を他の問題に逸らしたいだろう。だから、ロシアは他の地域でも問題を起こして世界の注目を逸らし、ウクライナへの関心が薄れることによってロシアが有利になることを狙っている。

アメリカ大陸で、ロシアが問題を起こせる場所と言えば、ベネズエラだ。ベネズエラのマドゥロ政権は独裁政治を行っているが、国民の大半からは支持されていない。また、ベネズエラは無理矢理社会主義的な経済政策を導入することによって、ハイパーインフレや激しい物資不足に陥り、経済が事実上破綻している。

それを助けているのは、中国とロシアだ。無能なマドゥロ政権ではベネズエラ経済を再建し、国家として自立できない。だから、中露の支援に頼らざるを得ない。その代償として、ベネズエラは中露の要望を聞かざるを得ない。

ベネズエラは、昔から隣国のガイアナに対して、領土的主張をしてきた。ガイアナの西部にベネズエラと隣接しているエセキボ地域がある。この地域はガイアナ国土の約7割を占めているが、ベネズエラは、エセキボ地域は自国領だと主張している（**図12**）。この領土の帰属に関する議論は19世紀から続いているが、経緯が複雑なため、どちらが正しいと断言するのは難しい。しかし今のところ、国際的にはガイアナの領土として認識されている。

ベネズエラによる領土的主張は昔からあるが、エセキボ地域に天然資源の開発が可能だということが明らかになってから、ベネズエラは改めて「あらゆる手段で」エセキボ地域を手に入れると言い出して、ガイアナに対してこの地域の割譲を求めた。

言うまでもないが、ガイアナが自国の国土の7割も放棄するわけがない。本書が執筆された時点では、両国の緊張が高まっており、問題が終結に向かう見込みはない。ベネズエラの

図12　ベネズエラとガイアナの領土問題

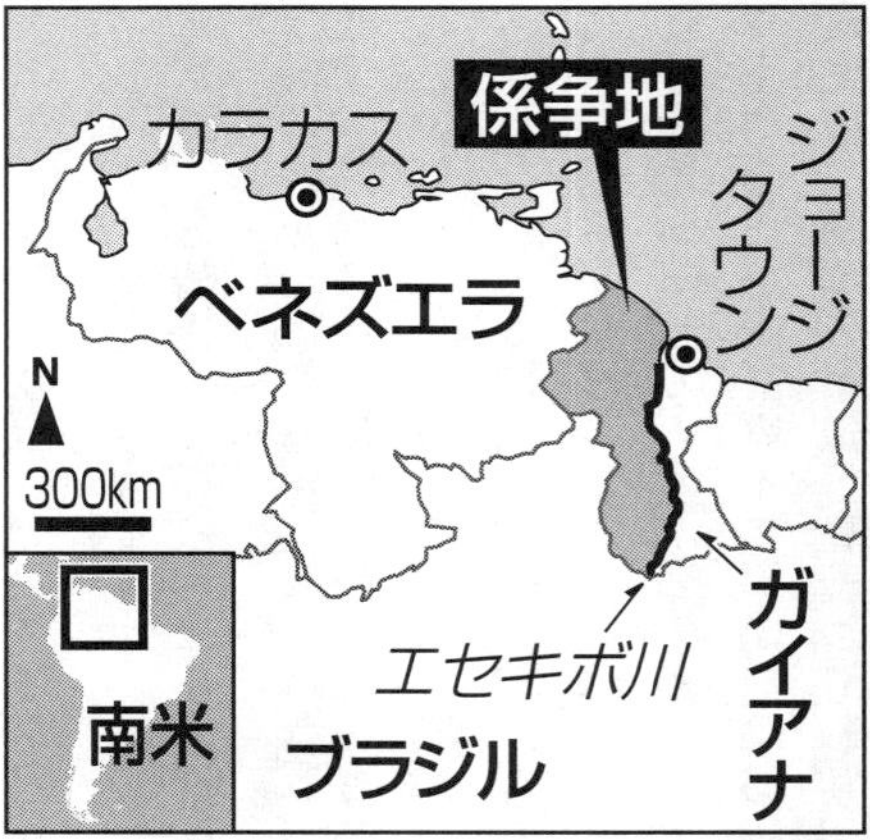

［提供：共同通信社］

経済がボロボロだといっても、人口はガイアナより35倍も多く、国力や軍事力は比較にならないくらい大きい。もしベネズエラが軍事攻撃をした場合、ガイアナは自力で太刀打ちできない。

　現時点では、ベネズエラは国際社会の圧力を受けて軍事行動を控えている。だが、今後、ベネズエラが軍事攻撃を加えた場合、アメリカは軍事介入せざるを得ない。アメリカ人の認識では、ヨーロッパの出来事には介入しないとしても、アメリカ大陸で問題が起きるとなれば話は別だ。アメリカから見て「近い」地域なので無視できない。

　そこでロシアが付入る隙ができる。ロシアがマドゥロ政権をそそのかして、ガイアナを攻撃させるかもしれない。そうすれば、アメリカはガイアナを守らなければならなくなり、ベネズエラとアメリカの戦争が起きる。

軍事力の差を考えれば、アメリカは最終的に勝つだろう。だが、その間、アメリカは南米に掛かり切りになり、しばらくの間、ウクライナ支援どころではなくなる。

ロシアは、ウクライナ征服が完成しないまでも戦況が有利になり、征服の計画が軌道に乗ったらそれでいい。結果的にマドゥロ政権が崩壊したとしても構わない。ロシアにとって、マドゥロ政権もただの駒だから、マドゥロ政権を失ってウクライナが手に入れば、ロシアにとって最高の交換となる。

ロシアによるウクライナ侵略は、このような形で他の地域紛争の要因となる可能性が十分にある。だから国際社会は注意し、他の地域に飛び火しないようにしなければならない。

対外無関心と孤立主義という深刻な問題

以上のように、現在のアメリカは、対外無関心と孤立主義といった深刻な問題を抱えている。この孤立主義思考はいつまで続くか、予測するのは難しい。

これからのアメリカの課題とは、孤立主義思考から脱却して、再び自由民主主義陣営、そして文明世界のリーダーとして復帰することだ。アメリカで健全な声が大きくなり、世論が正常化することが望まれる。

同時に、ヨーロッパと日本をはじめ他の自由民主主義諸国は、アメリカの正常化を待ちながら、万が一の事態に備え、アメリカがいなくても自力で自国を守れる体制を整えなければならない。

ドナルド・トランプの主張には、多くの間違いがあるが、一つだけ100%正しい、必ず耳を傾けるべき主張がある。それは、「ヨーロッパと日本は安全保障をアメリカに丸投げして、自分たちで国防の努力をしなかった」ということだ。トランプは同盟諸国に対して防衛費の大幅な増加を求めている。これは本当にその通りで、アメリカとの友好や同盟関係を重視すべきと同時に、アメリカに国防分野での依存をしてはいけない。

だから、今後、ヨーロッパと日本は根本的な防衛力強化を行い、万が一、独裁国家に侵略されたとしても、それを自力で撃退できる態勢を整えなければならない。もし侵略された場合にアメリカが味方になって参戦してくれたら、それを「幸運」や「ボーナス」として考えられるくらいの余裕を持つべきだ。「アメリカなしでは征服される」という体制のままでは危ない。

第5節　中東——ハマスのイスラエル侵攻が国際社会に突きつけた踏絵

ハマスによるイスラエル侵攻の影響

ロシア・ウクライナ戦争は各地の紛争を誘発する可能性があると述べたが、中東では実際に戦争が起きてしまった。

2023年10月7日、ガザ地区を実行支配していたイスラム過激派テロ組織ハマスはイスラエルに侵入し、多数のイスラエル人を人質としてガザ地区へ連れ去った。イスラエルは人質奪還のためにガザ地区へ侵攻した。

テロ組織ハマスはロシアと親しいことで知られており、その代表者は頻繁にロシアを訪問していた。さらに、ロシアの事実上の同盟国であるイランもハマスに大きな影響力を持っている。この状態で、ロシアかイラン、もしくは両方がハマスにイスラエルを攻撃するようにそそのかしたと考えられる。

イスラエルとハマス、もっと広く言えばイスラエルとアラブ諸国の紛争には長い歴史や複雑な経緯がある。また、イスラエルの消滅を目指している過激な反ユダヤ主義組織が、ロシア・ウクライナ戦争と関係なくイスラエルを攻撃したという仮説も考えられる。だが、ハマスによるイスラエルに対する攻撃がこれほど大規模だったのは初めてだったことと、ロシアにとって絶妙に都合のいいタイミングで攻撃が行われたことから、ロシアの影響を考えるのは自然だ。

この戦闘により国際社会の支援や関心がウクライナに対してだけでなく、中東にも分散させなければならなくなったことは、ロシアにとって好都合だ。

また、ハマスのイスラエル侵攻以前に、中東においてはイスラエルとアラブ諸国の和平プロセスが進んでおり、イスラエルは順番にアラブ諸国と国交を樹立していた。イスラエルとアラブ世界のリーダーであるサウジアラビアとの国交樹立も遠い話ではなかった。イスラエルとアラブ諸国が良好な関係を築けば、自由民主主義陣営とアラブ諸国の関係において、イスラエル・パレスチナ問題の重要性が下がり、より協力的な関係が可能になる。ロシアの収入を減らすための石油価格を下落させる戦略に、石油の原産国であるアラブ諸国を取り入れることも不可能ではなかった。

しかし、ハマスとイスラエルとの戦闘により、イスラエルとアラブ諸国との和平の機会が流れてしまった。アラブ諸国が引き続き中立を保っている状態はロシアに極めて都合がいい。

ウクライナ支持だがイスラエルは批判する人々

イスラエルとハマスの戦闘が自由民主主義陣営における混乱と分断につながったこともロシアにとって好都合だった。

ロシアによるウクライナ侵略で、自由民主主義諸国の国民のほとんどはロシアを非難しウクライナを支持した。だが、イスラエルとハマスの戦闘については、ガザ地区のパレスチナの人々に同情するあまり、イスラエルを非難する報道が大勢を占める。一丸となってロシアの侵略行為に対抗しなければならない時に、イスラエル・パレスチナを巡る議論で、自由民主主義陣営の意見が対立し、足並みが揃わなくなった。

逆に、右派ポピュリスト勢力は、親ロシアで親イスラエルである。欧米における右派ポピュリストは、基本的にイスラエル寄りだ。右派ポピュリストは反移民であるが、最も多くの移民が中東などイスラム圏の地域から来るため、アラブ勢力（＝イスラム勢力）と戦ってきたイスラエルは味方なのである。一方で、右派ポピュリストはロシアに融和的であり、ウクライナへの支援に反対している。

自由民主主義諸国の指導層は、基本的にイスラエルを支持しながら、やはりイスラエルに自制を求め、反撃がやり過ぎと判断した時にはイスラエルを批判することもある。これが一般の有権者からは中途半端な対応に見える。それより、無条件で全面的にイスラエルを支持している右派ポピュリストの方が筋が通っている。昔からイスラム勢力の脅威を訴え、中東からの移民を危険視する右派ポピュリストの主張は正解だったことになる。だが、右派ポピュリストが自由民主主義諸国で勢力を拡大すれば、ロシアに融和的な勢力の影響力が拡大することになる。

筆者の意見では、イスラエルを支持すること自体は正しいことだが、右派ポピュリストがイスラエルを支持する動機は、あくまで反移民、反イスラムである。このような動機は、健全な自由や民主主義の価値観から来るものではないので、右派ポピュリスト勢力を評価できない。

本来、イスラエルを支持すべき理由は、イスラエルがテロリストから攻撃を受け、自国民を守っているからである。さらに、もっと広い意味で言うと、イスラエルは自由や民主主義の価値観を共有している自由民主主義陣営の国家だからである。一方、イスラエルが戦っているハマスをはじめとする過激派テロリストは、独裁主義側、中露側の勢力である。

つまり、イスラエルが正しいのは、反独裁主義だからであり、反イスラムだからではない。右派ポピュリストのイスラエル支持は健全なものではない。この戦争による右派ポピュリスト勢力の支持率上昇は非常に残念なことであり、一時的なもので終わることを期待している。

自衛権の範囲と国際法

ハマスとイスラエルの戦争は、もう一つの国際問題を露わにした。それは、攻撃を受けた時の自衛権の範囲と国際法だ。ハマスはイスラエルに急襲し、一般人約1200人を殺害し、251人を人質に取り、ガザ地区へ連れ去った。これに対して、イスラエルは人質奪還のためにガザ地区へ侵攻した。イスラエルは人質全員の奪還とハマス壊滅まで戦闘を続けると表明し、ガザ地区の各地域の制圧をし始めた。イスラエルの大規模な反撃により、ガザ地区における町の破壊が進み、多くの非戦闘員の犠牲者も出ている。

このイスラエルの反撃に対して国際社会は、やり過ぎだと批判している。現在の国際法では、武力行使は脅威が取り除かれるまでしか認められていない。つまり、侵略した側が侵略された側から反撃を受けて占領した領土を失い、被った損害によってこれ以上侵略を続けられない状態に追い込まれた場合、侵略された側もこの段階で反撃を止めるべきだというルールだ。

侵略した側の勢力を壊滅させたり、その領土を懲罰として割譲させたりすることは、侵略された側の自衛権行使の範囲を超えた過剰防衛として、認められていない。

筆者がこの事例で疑問に思うのは、本当に自衛戦闘を最小限に抑えることが戦争防止に最善のやり方なのか、ということだ。現在の国際法の解釈ではたしかにそうなっているが、侵略者を国境まで押し返し、戦争継続できなくなる程度の打撃を与えれば、本当にそれで十分なのか。

言うまでもないが、他国の領土を奪う目的の侵略戦争、そして他国の国民を殺すための無差別テロは、人類に対するとんでもない犯罪だ。この最悪の犯罪に対する反撃が、「開戦前の原状回復」程度で済んでもいいのか。侵略戦争もしくは無差別テロによって奪われた命は戻ってこない。にもかかわらず現在の国際法は侵略者の壊滅まで被害者が戦い続けるのを認めない。これは理不尽なことではないだろうか。

侵略者は必ずまた侵略しに来る

これは正義感や道徳的な観点だけの問題ではない。仮に侵略者に甘い、被害者に理不尽なルールでも、それによって戦争が少なくなり、より多くの命が救われるなら、それでもいいという考え方は十分に理解できる。ところが、現実でこのルールは戦争を抑止するどころか、戦争の再発を可能にしている。

文明国家でも戦争を起こしていた20世紀半ばまでの時代ならともかく、現在では自分から侵略戦争を起こす侵略者は、極めて野蛮で残虐、暴力的な勢力だ。ある程度の常識のある国は、自分から戦争を起こさない。

そうした野蛮な国や勢力は、一度だけ侵略を起こして、それが失敗したらおとなしくなるとは考えにくい。力を回復した後、高い確率で、隙を見てまた侵略を試みるだろう。

実際、今回のハマスによるイスラエルへの攻撃は初めてではなく、これまで何度も起きていた。今回は今までで最大の規模だっただけだ。イスラエルはこれまでハマスの攻撃に対して毎回反撃を行ってきたが、ハマスを壊滅させるほど大規模な作戦を行わなかった。その結果、今回の最大規模のハマスの攻撃が可能になった。

この事例でわかるように、凶暴な侵略者は壊滅しなければ、必ずまた侵略してくる。侵略者は、壊滅される恐れがない以上、何回失敗しても成功するまで何度でも侵略を起こせばよい。

一方、侵略被害者は、侵略される度に、国民の命が奪われる。そして、そのうち一度でも撃退に失敗したら、領土や主権を奪われ、最悪の場合、国家が壊滅する。このような状況は不公平で理不尽極まりない。

侵略者を壊滅させるまでの反撃は認められないという現在の国際社会のルールは、戦争を防ぐどころか、侵略者に無限に戦争を起こす機会を与える。また、命を救うどころか、より多くの命が奪われる状態を可能にする。この侵略者を利するようなルールを見直さなければならない。

そして、国際社会はルール違反のイスラエルを非難するのではなく、ルールがおかしいのだから、侵略者の無制限の攻撃を二度とさせないためのイスラエルによるハマス壊滅作戦を支持すべきなのではないだろうか。この侵略者への懲罰はどこまで認められるのかという問題は、ロシアによるウクライナ侵略を考える時にも非常に重要な問題になる。

中東における戦火は、紅海にも及んでしまった。イエメンでは、２０１５年から内戦状態にあるが、親イラン勢力であるフーシ派はハマスの侵攻に呼応して２０２３年11月以降、紅海を通過する船を攻撃するようになった。それによって紅海が通過できなくなり、世界の貿易に大打撃が与えられた。紅海とスエズ運河は、アジアとヨーロッパの物流の最大のルートだ。それがないと、貨物船はアフリカを回らなければならない。時間とコストのロスは凄まじい。

ハマスによるイスラエル攻撃がなければ、このような事態は起きなかっただろう。そして、これほど大規模なハマスの攻撃も、ロシアの後押しがなければ、起きなかったと見ていいだろう。ロシアによるウクライナ侵略はこのような形で、すでに各地の紛争につながっているのである。

アサド政権崩壊が示したロシアの力の限界

同時に、ロシアによるウクライナ侵略はロシアの力の限界も示した。２０２４年12月に、50年も続いたシリアのアサド独裁体制が倒れた。シリア反体制派はアサド軍に対して攻勢を実施し、短期間でシリアの主要都市を制圧し、アサドはロシアに亡命した。なぜ13年も続いたシリア内戦は、このようにあっさり終結したのか。

自国民を長年、無差別大量虐殺してきた独裁者アサドは、シリア国民に嫌われていた。彼の独裁政権はロシアとイラン、そしてレバノンのイスラム過激派テロ組織ヒズボラの力によって支えられていた。

ところが、ロシアはウクライナ侵略に集中し、他方面に兵力を投入する余裕はなかった。また、イランもイスラエルと緊張が高まり、イスラエルと直接対決するかもしれない状態で他国に地上兵力を割きたくなかった。そしてヒズボラは、２０２４年にイスラエルと本格的な戦闘となり、イスラエルから大打撃を受け、アサドを支える力がなくなった。このように、大量殺人鬼アサドを支えた3柱は短期間ですべてなくなり、その他の支援もなく、戦線維持ができなくなったアサド体制は一気に倒れた。

なぜアサド体制崩壊がロシアの力の限界を示したと言えるのか。ロシアから見ると、シリアは衛星国で、中東における唯一の地上拠点だった。地中海に面している在シリア露軍基地は、ロシアの中東やアフリカ戦略において非常に重要な役割を果たしていた。ロシアとしてはこのような拠点を失いたくない。

ロシアにとって、アサド政権を助けることは、ウクライナから部隊を転進することを意味していた。だが、優先順位的にシリアよりウクライナの方が大事だから、ロシアは優先度の低い戦線を放棄することにした。つまり、ロシアは同時に2か所で戦争をする余裕がないということだ。

これはロシアの力に限りがあることを意味している。ロシアにまだ余裕がある状態であれば、アサドを助けたはずだ。だが、見捨てたということは、ロシアは全力を挙げて、ぎりぎりのところでウクライナと戦争していることが明らかになった。

つまり、「ロシアは無敵だ」という論調は間違いだということが示された。ロシアに余力がないということは、ロシアに勝つことが可能だということだ。

現在の戦場におけるロシア軍の優勢に惑わされてはいけない。ロシア軍はあくまで、少ない装備と多くの制限がかかっているウクライナ軍に対して優勢を保っているだけで、本格的な武器支援を受け、攻撃の制限が撤廃された状態のウクライナ軍に対しては負ける可能性は大いにあるということだ。ロシアの力の過小評価は禁物だが、過大評価する必要はまったくない。

実利的なグローバルサウス

ここでいわゆるグローバルサウスについても述べておきたい。今回の戦争で、いわゆるグローバルサウスの価値観も鮮明になった。グローバルサウスとはかなり幅広い概念だが、大まかに言うと、中南米、アフリカ、中東、南アジア、東南アジアなどの諸国を指す。つまり、自由民主主義諸国でもなければ、独裁主義陣営やその協力国でもない、それ以外の中立国のことだ。

このようにグローバルサウスにはさまざまな国が入っており、国によって外交姿勢も内政もまったく異なるため、一概にグローバルサウスはこういうものだと言うのは難しい。

しかし、グローバルサウスと言われる国の大多数には外交姿勢において共通点がある。彼らは、ロシアによるウクライナ侵略を基本的に批判しない。また、ロシアに対する制裁を実施しない。そしてウクライナに対する支援もしないのだ。

グローバルサウスはロシアに制裁を実施しないばかりか、通常通りロシアとの貿易関係を保っている。そうすることによって彼らは事実上、ロシアによるウクライナ侵略を支えている。グローバルサウスとの貿易関係を保つことで、ロシアは収入も、経済を回すために必要な製品も、そして武器製造に必要な部品も手に入れている。そういう形でグローバルサウスはロシアの侵略戦争に加担している。

このような振る舞いは卑怯で下劣だ。いわゆるグローバルサウス諸国には、元々欧米列強の植民地だった国が多い。そういう国々が、1950年代から1970年代にかけて独立した。独立運動の時、彼らは反植民地主義、反帝国主義、民族解放を掲げた。また、彼らは元宗主国側だった欧米諸国に対して、自分たちには道徳的な優位性があるかのように振る舞っていた。

では今はどうか。あれだけ脱植民地、民族自決、反帝国主義を掲げたグローバルサウス諸国は、ロシアによるウクライナ侵略にだんまりだ。今、ロシアがやっていることは、正に植民地主義、他民族の服従、帝国主義だ。グローバルサウスが戦って倒したはずのものを体現しているのは今のロシアだ。このような歴史を踏まえれば、むしろグローバルサウスは欧米よりさらに強くロシアを糾弾し、ウクライナを支援すべきだろう。しかし、現実にはそうなっていない。

今、植民地主義と最前線で戦うウクライナを支えているのは、植民地にされた側のグローバルサウスではなく、植民地を持った側の欧米だ。このような事態を見れば、もはやグローバルサウスには、欧米より道徳的に優れているところなどなく、偉そうにする資格はまったくない。それどころか、グローバルサウスは道徳的には欧米よりはるかに劣っている。なぜなら、50年前はともかく、今は欧米は反植民地主義、反帝国主義の勢力になっているのに対して、グローバルサウスは植民地主義や帝国主義を支える側になっているからだ。

歴史の皮肉だが、これが現実だ。グローバルサウス諸国には尊い理念など何もない。目の前の利益しか頭にないのだ。だから、自分たちの過去を忘れて、植民地主義を展開するロシアと平気で貿易を続けている。今回の戦争で、このグローバルサウス諸国の節操のなさ、良心のなさは明確になった。

もちろん、グローバルサウス諸国は道徳心がないという理由で彼らを切り捨てるべきではない。ただ、彼らと外交や貿易関係を進める時に、彼らの思考をよく理解して、油断しないで彼らと付き合う必要がある。

独裁国家陣営は、グローバルサウス諸国を味方にしようとしている。そのため中露などは、グローバルサウス諸国に接近し、さまざまな利益を提示している。これに対抗するには、自由民主主義諸国は、それを上回る利益をグローバルサウス諸国に提示する必要がある。非常に難しいところだが、中露の影響力拡大を阻止するには、これもやらなければならない。

以上のように、ロシアによるウクライナ侵略は、アジアをはじめ、世界に大きな影響を与えている。独裁国家の中国、イラン、北朝鮮の影響力が拡大する。紛争の種がある地域では、次第に武力衝突が起きていく。いわゆる国際法には多くの欠陥があることも露わとなり、その規定の見直しも課題となっている。そして、グローバルサウス諸国は侵略戦争や帝国主義をまったく問題視しないことも明らかになった。

これらの傾向にはそれぞれ、多くの危険が潜んでいる。自由民主主義諸国は、この各課題に対応しなければならないが、個別に対応しても限界がある。このすべての問題を根本的に解決するには、それらを引き起こした元々の原因となるロシアによるウクライナ侵略をまずは止めなければならない。

第6節　日本——国防への目覚めと北方領土解放

ウクライナ難民受け入れと支援

ロシアによるウクライナ侵略は、日本にも大きな影響を与えている。もちろん、他の国や地域と同じく、光熱費や物価が高騰しているという悪影響を日本も受けている。同時に、目覚めの効果も著しい。ロシアによるウクライナ全面侵略が起きてから3年経つが、その間に続いている日本の正常化は凄まじい。

本来の自由民主主義国家のあるべき姿の基準でいうと、日本がこの3年で辿った道は当たり前のことであり、何も特別なことはしていない。しかし、それまで日本が陥っていた深刻な平和ボケ、国際問題への無関心と比べたら、やはり日本の正常化は、いい意味で目まぐるしい。

皮肉なことだが、ロシアによるウクライナ全面侵略という悲惨な出来事は、日本の正常化のきっかけになった。どのようなところが変わったのか、振り返ってみよう。

まず、日本は基本的に難民の受け入れには否定的だった。労働移民の受け入れには積極的な日本だが、経済活動とは関係のない難民を受け入れるのは、日本にとってハードルが高かった。

だが、ロシアの全面侵略が起きた後、日本は積極的にウクライナからの避難民を受け入れている。日本側は、日本までの渡航費と日本で生活費、そして住居を提供し、避難民に必要なサポートを行っている。

なぜ日本は積極的にウクライナからの避難民を受け入れているのか。日本はロシアによる侵略の理不尽さに気づいたからだ。世界の多くの紛争は両者に言い分があり、どちらが被害者でどちらが加害者か断言するのが難しい場合がある。だから、必ずしも被害者とは限らない人を受け入れ、国内で保護することに積極的になれないのは理解できる。ところが、ロシアによるウクライナ侵略では、善悪ははっきりしている。ウクライナ人が一方的な被害者であるのは一目瞭然だ。

何の根拠もない理不尽な侵略で苦しめられ、故郷を離れざるを得なかったウクライナ人を日本は温かく迎えてくれた。この判断に日本人の人道的な観念と正義感が見える。この戦争のため、日本は決して外国人の保護全体に否定的だったわけではなく、本当に保護を必要としている人は保護するということが明確になった。

またこの戦争がきっかけで、日本は積極的に国際貢献を行う姿勢を見せた。日本は今までも多くの国に経済支援を行っていた。しかし、戦争当事国の片方を全面的に支持、支援することは珍しい。無法な侵略を受けたという理由で支援に積極的になることは、今までなかった。今までの日本は、戦争している国同士の片方を支持し、もう片方と関係悪化するようなことをなるべく避けていた。

しかし今回、日本は明確にウクライナ側に立った。必然的に、これはロシアとの関係悪化を意味した。この決断は、日本の正常化をよく表している。日本は、目の前の利益だけで動く姿勢から脱却し、価値観に基づく行動を取っている。これは成熟した先進国の姿勢だ。日本がこれに辿り着いたことは、本当に素晴らしいことだ。

日本による対ウクライナ支援の総額は、本書が執筆された時点で1兆円を超えた。そして、日本政府はこれからもウクライナへの継続的な支援を表明している。この支援の中には、戦争中のウクライナに必要な物資や装備の支援と、終戦後のウクライナにおける復興事業への参加も含まれている。政府は日本企業に、積極的に復興事業に参加するように促している。このような国際問題に積極的に関わる姿勢は、日本が内向きの姿勢から転換している表れである。

もちろん日本でも、ウクライナを支援するのは無駄ではないか、それより日本国内問題にお金や労力を使った方がいいのではないか、という声は存在する。これに対する答えは明確だ。日本によるウクライナ支援は、慈善事業ではない。もちろん、同情、もしくは正義感といった理由でウクライナを支援するべきだと考えている日本人は多い。しかし、国家としてウクライナを支援する最大の理由は、それが日本の国益にかなっているからだ。

今、ウクライナは独裁国家の侵略主義、拡張主義を食い止めている。ウクライナとロシアの戦争の結果で、他国の領土を奪ってはいけないという原則で成り立っている世界秩序が維持されるかどうかが決まる。

ロシアが勝てば、ロシア、中国、北朝鮮、そしてイランなどの独裁国家は各地で戦争を起こし、世界は戦乱に陥る。言うまでもないが、このような世界は日本の安全保障を考える上で極めて危険だ。中国が拡張主義路線に走れば、台湾やフィリピンが侵略される。この場合、日本は無関係ではいられない。

仮に奇跡的に台湾やフィリピンの有事に巻き込まれなかったとしても、地理的に次の侵略のターゲットが日本になるのは間違いない。だから、日本の平和を守るには、独裁国家の拡張主義をウクライナで食い止めるのが最善だ。今、仮にウクライナに対して高額な支援をしても、それは将来日本自身が戦争になった際に被る損失と比べれば、はるかに安い。

実際に、日本政府には中露の拡張主義が連携しているという認識がある。メディアの報道によると、日本政府関係者は「ロシアを利することは、中国を利することにつながる。だからウクライナ支援を緩めることはできない」と言っている。

普段、内向きだとか弱腰だとか言われている日本政府は、今の国際情勢がどう動いているのかよく理解している。中露は同じ陣営の勢力であり、どちらも日本の脅威であり、どちらかが得をすれば、もう片方も自動的に得をする。だから、両方を同時に抑止する必要がある。

評論家や専門家でさえ、この事実を十分に理解していない人が多い中、日本政府がここまで理解しているとは、日本政府の認識の正常化は顕著だ。

ウクライナ支援はアメリカの命令か

一部の人は、日本はアメリカに言われたからウクライナを支援していると主張している。これもまた国際情勢の無理解によるものだ。アメリカが日本にウクライナを支援するように要請したこと自体は、恐らく事実だろう。しかし、その要請を受け入れるかどうかということと、どの程度で応じるかは日本政府の判断だ。アメリカの要請を聞いたふりをしながら、内政問題を言い訳にして小規模な支援に止めることも十分可能だった。積極的な支援は完全に日本政府の判断だ。

そもそも、対ウクライナ支援はアメリカとの付き合いで仕方なくやっているだけで、日本の国益に関係がないという話は荒唐無稽だ。周辺情勢を見れば、日本はアメリカよりはるかにウクライナ支援に積極的になっておかしくない。ウクライナがこの戦争で勝利することは、日本の国益にもアメリカの国益にも適っている。どちらにとってそれはより重要な問題なのかというと、当然日本だ。

もちろん、もしロシアが勝ち、世界が戦乱に陥った場合、アメリカは困る。しかしアメリカは、独裁国家が暴れているユーラシア大陸から、両側で海に守られており、軍事大国で核大国だ。

それに対して、日本は中露がすぐ隣におり、非核国で軍事大国ではない。アメリカより、日本の方がはるかに中露の脅威にさらされている。だから、日本がアメリカよりウクライナ支援に積極的になるのは当たり前だろう。

ウクライナ支援は日本の国益だという明らかな事実を否定している人は、絶望的に国際情勢を理解していないか、日本にとっての脅威となる勢力を利するのが目的か、このどちらかだろう。

例えば、在ロシア日本大使館に勤務していた元外交官の佐藤優は、『ウクライナ戦争の嘘』（手嶋龍一との共著、中公新書ラクレ）の中で次のように発言している。

「私は、この戦争を、『アメリカにより管理された戦争』と呼んでいます。供与する武器は、手を替え品を替え、NATO諸国もコントロールしながら、秩序に逆らったロシアの侵攻を食い止める。しかし、ウクライナに第三次世界大戦のレッドラインは、絶対に越えさせない。繰り返しになりますが、この戦争におけるアメリカの真の目的は、ロシアの弱体化です。ウクライナは、その道具に過ぎません」

これは非常に悪質な印象操作である。そもそも今回の戦争を起こしたのはロシアであり、戦争の責任は１００％ロシアにある。そして、戦争が終わらないのも、ロシアのせいである。ロシアがこの戦争を終わらせる意図があれば、すぐ終わるのだ。

今回の戦争の前にアメリカには、ロシアを弱体化させる意図はなかった。そして、アメリカはこの戦争が起きてほしくなかった。この戦争が始まったことでアメリカは非常に困っているので、できれば早く終わらせたい。

仮にアメリカにロシアを弱体化しようとする意図があったとしても、その意図が出てきた責任は100%ロシアにある。ロシアが起こした全面戦争や虐殺を目にすれば、ロシアの弱体化を願うのは当然のことだろう。

また、和田春樹（東京大学名誉教授）、伊勢崎賢治（元国連職員で東京外国語大学名誉教授）など31人の学者らは2023年4月5日、「Ceasefire Now! 今こそ停戦を」という声明を出した。声明は、この戦争について、「いまやNATO諸国が供与した兵器が戦場の趨勢を左右するにいたり、戦争は代理戦争の様相を呈しています」と述べている。

この「代理戦争」とは、ロシアが世界中に広めているプロパガンダのナラティブの一つである。まるでウクライナはNATO諸国に戦わされていると印象を持たせることにより、ウクライナの自衛行為を貶めようとしている。

言うまでもないが、ロシアによるウクライナ侵略は代理戦争ではない。ウクライナは自分の意思で、ロシアに対して降伏することを拒否して、主権と独立を守るために戦うことにした。代理戦争論は単なる侮辱的なプロパガンダである。記者会見では、さすがに報道陣から批判的な質問が飛んだという。

この声明には、他に上野千鶴子（東京大学名誉教授）、内田樹（神戸女学院大学名誉教授）、金平茂紀（ジャーナリスト）、姜尚中（東京大学名誉教授）、小森陽一（東京大学名誉教授）、酒井啓子（千葉大学教授）、高村薫（作家）、田中優子（元法政大学総長）、田原総一朗（ジャーナリスト）らも名を連ねている。

２００５年から２００８年まで駐ウクライナ兼モルドバ大使だった元外交官の馬渕睦夫は、「世界を影から支配する勢力（ディープステート）がロシア支配のために、ウクライナを利用してプーチン大統領に戦争を仕掛けた」という妄言を書籍やYouTubeなどで繰り返し発信しているが、論外である。

このように一部の著名人が対ウクライナ支援を否定しているが、実際には日本国民の多数はウクライナ支援の必要性を理解しており、否定しているのはごく少数派だ。

この日本の状況は欧米とは対照的だ。先述したように、この戦争は欧米諸国における左右の親露派勢力の存在を露わにした。しかし、日本では、このような勢力への支持はわずかなので、そういう意味では日本は欧米よりロシアに対する不信感が強いと言える。

防衛費が「対ＧＤＰ比１％」の壁を突破

日本の劇的な変化は、特に防衛、安全保障政策の面に見て取れる。日本では長年、防衛力強化の必要性ついて議論があり、その要は防衛費の金額だった。日本では防衛費を対ＧＤＰ比１％前後にとどめるという暗黙のルールがあり、それを破ることを誰もできなかった。第二次安倍政権以降、防衛費は増加傾向にあったが、やはり微増程度に止まり、１％枠からは

図 13　日本の防衛関係費（当初予算）の推移

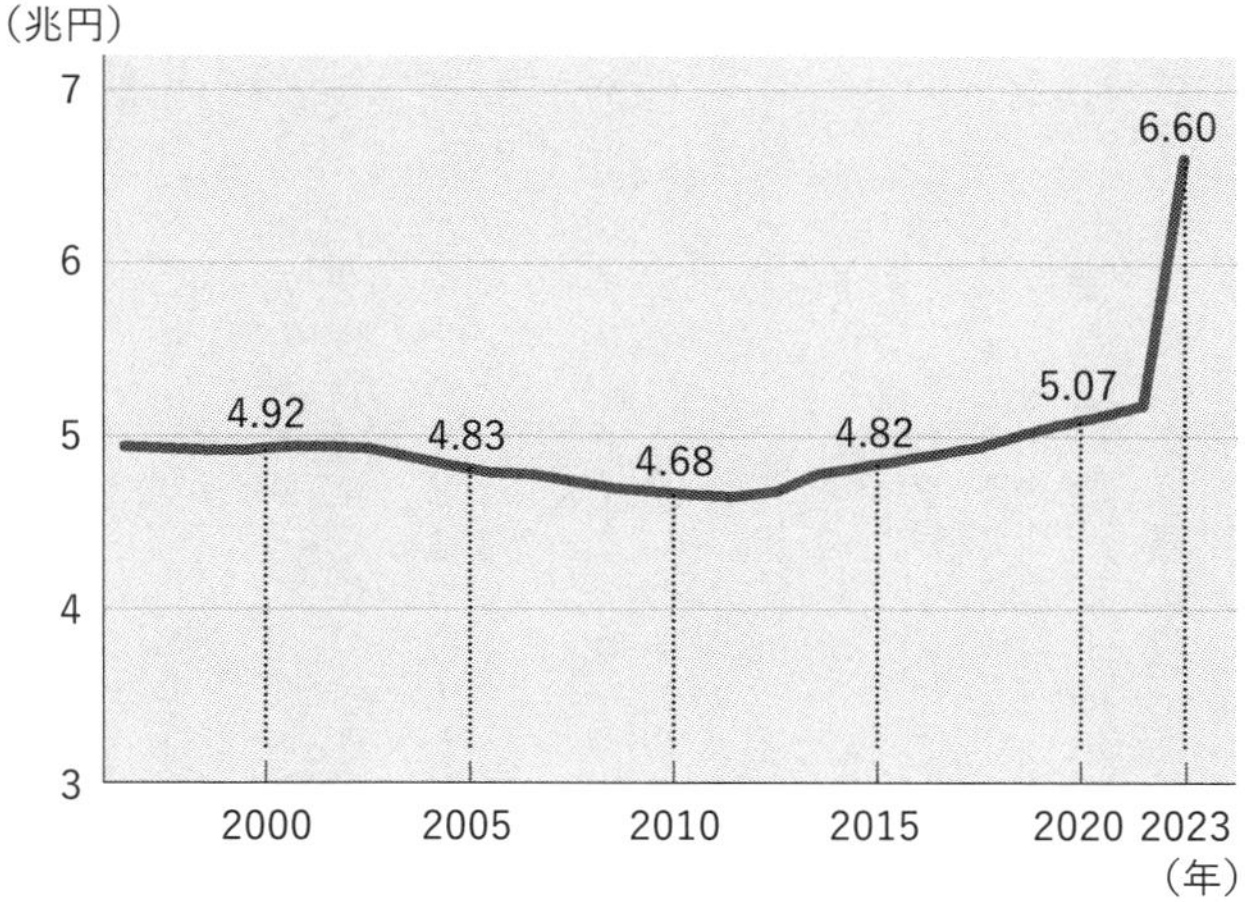

［出典：令和５年版防衛白書］

み出ることはなかった。このまま微増が続いたら、防衛費を安全保障環境や周辺情勢に見合った水準まで上げるには、数十年かかっただろう。

　ところが、ロシアによるウクライナ全面侵略が起きたため、岸田前首相は、２０２３年から5年間で防衛費を約２倍に増やし、対ＧＤＰ比の約２％にすることを決めた（**図13**）。

　この決断は歴史的な英断であり、後世に残る大きな功績だ。それまでは倍増は絶対に不可能なことだと思われていた。それが、あっさり実現した。

　この英断が可能になったのは、不可欠な条件が同時に揃ったからだ。一つは、ロシアによるウクライナ侵略だ。これがなければ、防衛力強化に対する根強い反対論が未だに蔓延《はびこ》る日本で、防衛費倍増を決めるのは不可能だった。

もう一つは、岸田文雄がその時に首相だったことだ。岸田は国際情勢、防衛や安全保障をよく理解している。彼だからこそ反対論に恐れずに、防衛費増額を決断したのだ。ロシアによるウクライナ侵略が起きても、その時点でもし岸田ではなく、従来の日本の外交や安全保障に対する姿勢を引きずるような人が首相だったなら、多少の増額はあったかもしれないが、倍増は無理だっただろう。

彼に対して多くの批判もあるが、ロシアによるウクライナ侵略という危機的な状況で、日本を正しい軌道に乗せたのは岸田だったことは間違いない。現世代が彼を評価しなかったとしても、防衛費倍増という歴史的な英断は残るので、この強化された防衛力に守られる次世代は、この英断を正しく理解するのではないだろうか。

そういう意味で、２０２４年10月に岸田政権が退陣して、石破茂が総理大臣になったことには不安がある。石破首相は岸田前首相の路線をそのまま継続するならいいが、独自の内外政策を始めてしまうと、せっかく岸田に作られた土台から後退する可能性がある。

ある意味、防衛費倍増は憲法改正より重要だ。憲法はあくまで法的な枠組みであり、憲法自体には何の実力もない。実力を持つのは、自衛隊とその装備だ。どんなに素晴らしい憲法の条文を書いても、実力が伴わなければ、国は守れない。

しかし、欠陥だらけの憲法でも、実力があれば、少なくとも敵の攻撃から国を守ることができる。もちろん、憲法改正も防衛力強化も、両方大事だが、どちらがより大事かと言えば、防衛力強化だ。その防衛力強化は、ロシアによるウクライナ侵略と岸田の決断力により実現された。

防衛費増額に合わせて、防衛力強化の方針を定める安保三文書「国家安全保障戦略」「国家防衛戦略」「防衛力整備計画」も改定され、武力攻撃を受けた場合の反撃能力の保持や多面的な装備の強化が確認された。また、文書で中国を「深刻な懸念事項で、これまでにない最大の戦略的な挑戦」、ロシアを「安全保障上の強い懸念」と明記している。もちろん、この改定三文書でも内容は不十分で、現実の脅威の規模にしたら表現は柔らかすぎるが、それでも、それまでの日本の防衛・安全保障戦略と比較すると、明らかな前進だ。

武器輸出を緩和

もう一つ大事な点は、武器輸出の緩和だ。日本には武器輸出について厳しい規制があり、基本的に武器輸出が不可能だった。だが、ロシアによるウクライナ侵略を受けて、武器輸出のルールの見直しに関する議論が行われるようになった。本書が執筆された時点で、武器輸出解禁はまだ実現されなかったが、前進が著しい。

まず、これまで戦争当事国への装備品提供はなかったが、ウクライナに対して、車両などの非殺傷装備の提供に踏み切った。もちろん、殺傷兵器を提供している他の自由民主主義諸国と比べると弱いが、これは今までのしきたりを乗り越えるための重要な第一歩になるだろう。

次に、他国の技術を導入し日本で製造するライセンス生産は、これまで部品のみ輸出が認められていたが、完成品も含めてライセンス元の国や、そこから第三国に輸出することが可能になる。これについても、戦争当事国へ、殺傷能力のある装備の輸出はまだ解禁されないが、大きな前進だ。なぜなら、殺傷能力のある武器の完成品を外国に輸出できるようになるからだ。

これによって、日本はウクライナに武器を送るサプライチェーンに加わることができる。例えば、アメリカをはじめ他の国がウクライナに武器を送る時、自国で保有する数が減らないように、日本からの輸入で補充できる。こういう形で、日本からは直接送らなくても他の国が送りやすくなる。

また、完成品ではなく、部品については、基本的に輸出が不可能だった武器の部品の輸出が大幅に緩和されて、武器製造や修理などに必要な武器の部品は基本的に他国に輸出できるようになる。

　そして、戦闘が主要目的ではない装備、つまり救難、輸送、警戒、監視、掃海という「5類型」については輸出が可能だったが、今まではそれに殺傷能力がついていれば、輸出は不可能だった。だが、これからは戦闘が主要目的ではない装備に、自己防護のための殺傷能力がついても、輸出が可能になる。

　この方針転換は、日本が責任ある国際社会の一員であり、国際平和に貢献したい民主主義国家である証拠だ。ゆくゆくは日本も、侵略を受けているウクライナに直接武器を送れるようになるのが理想である。

　ウクライナへの武器提供について、日本の自衛隊はそもそも持っている武器が少ないので、それを手放せば日本は無防備になるのではないか、という懸念がある。これはたしかに一理ある。だから、ウクライナへの武器提供を最初から大量に行うのではなく、日本の防衛に影響が出ない程度から始め、段階的に増やせばよい。同時に、日本は国内の武器製造を活性化させ、武器製造が軌道に乗れば、徐々にウクライナへの提供を増やせばいいだろう。

武器輸出は平和主義に反するか

　日本からの直接の武器提供は、日本の平和主義路線に反するという意見もある。日本は戦争をしない、戦争に加担しない国だから、武器提供をするべきではないという意見だが、これは根本的に間違っている。

そもそも、ウクライナに武器が必要なのは、戦争を続けるためではなく、早く平和を取り戻すためだ。ロシアによる一方的な侵略は力でしか撃退できない。それを早く実現するには武器が必要なのだ。

だから、日本によるウクライナへの武器提供は平和主義に反しないどころか、平和主義そのものだ。平和の実現に最も必要なことは、武器提供である。ウクライナに武器提供をしないことは、ロシアの戦争を長引かせているという意味で、戦争への加担になる。

日本は戦争しない国だという考え方自体は間違っていない。しかし、「戦争しない」という概念の中には、「戦争させない」ということも含まれているはずだ。なぜなら、自分だけ戦争しないと決めても、周りの戦争を野放しにしたら、結局、世界の平和は実現されないからだ。だから、自分で戦争しないと同時に、他国にも戦争させないという姿勢が大事だ。

今戦争をさせないために、つまりロシアによる無法な侵略を止めるために、ウクライナは武器が必要だ。だから、戦争しないという日本の姿勢に従って、堂々とウクライナに武器を送ってほしい。

北方領土返還は遠のいたか

以上のように、まだ多くの課題が残っているとはいえ、ロシアによるウクライナ侵略のおかげで、日本の正常化は著しく進んでいる。同時に、この戦争は日本にとって、北方領土を取り戻す機会でもある。しかし残念ながら、せっかく北方領土を取り戻す機会が訪れているのに、北方領土返還の努力を日本はまったくしていない。

現在、日本は国際社会に、ロシアに不法占拠されている北方領土問題を非常にアピールしやすい状況にある。「日本もウクライナと同じくロシアに領土を不法占領されている被害者だ」と言えば、多くの国がこの主張に耳を傾けるだろう。国連総会でも、北方領土の日本帰属を確認する決議を採択できるかもしれない。

国連は、国際紛争を解決するには役に立たないが、自国の立場を国際社会にアピールするには相応しい場だ。国連には実行力がないが、多くの国は自国の外交路線を決める時に、国連で決まったことを参考にする。だから、もし国連総会で「北方領土は日本の領土だ」と決議すれば、それは、国際社会の常識になるだろう。

今こそ北方領土不法占領問題とクリミア半島不法占領を結びつけて、同じぐらい重大な主権侵害だという事実を世界に広める機会だ。しかも、ウクライナは日本との協調に積極的だ。ウクライナは議会で、北方領土の日本帰属を確認する決議を採択している。だから、日本から、クリミアと北方領土を一つの問題として国際社会に広めるという提案があれば、ウクライナは喜んで一緒に動くだろう。

日本国内においても北方領土に関する国民の認識を向上させる絶好の機会だ。だが、日本国内では北方領土に関する議論はまったく盛り上がらない。日本の政治家も専門家もマスコミも国民の圧倒的多数も、北方領土にまったく関心がない。政治家は「北方領土について粘り強く交渉を続ける」という表現を使うが、それは北方領土を諦めていることの言い換えにすぎない。

言うまでもないが、交渉で北方領土を取り返すことはできない。なぜなら、ロシアは新たに他国の領土を次から次へと占領し、強奪していく国だ。すでに長年支配下にある領土の返還に応じるわけがない。にもかかわらず、「粘り強く交渉する」という言い方をするのは、そもそも北方領土を取り返す気がなく、最初から北方領土を諦めている姿勢だ。

日本は現在施政下にある領土だけで十分国家として機能しているので、人が住んでいない、荒れ果てている土地の返還を無理に目指さなくていいのではないか、という意見があるらしい。では、日本には無人島がたくさんあるが、それらが他国の手に渡ってもいいのか。

国家を形成する基本的な要素は国土と国民だ。日本には要らない国民はいないのと同じく、要らない国土などないのではないか。日本のすべての領土は国家と不可分のものだ。他国に不法占領されているという理由でその領土を諦めるのはおかしい。北方領土は何百年にわたって、何世代にわたって、日本人に統治されていた。日本の国土とは、現世代の人だけのものではなく、今まで生きてきたすべての日本人、そして、これから生まれてくるすべての日本人のものだ。

現世代の怠慢のため北方領土を諦めることは、そこに何世代にもわたって生活を営んでいたすべての日本人への裏切りである。同時に、これから生まれてくる日本人から、北方領土という美しい日本の国土で生活を営む機会を奪うことになる。このようなことが、あってよいはずがない。

さらに、歴史的な正義という概念もある。周知の事実だが、何百年にもわたって日本人に統治された北方領土を、ソ連は中立条約を一方的に破って、無法な侵略で強奪した。現在のウクライナ南東部をそうしているように。何の根拠もない一方的な侵略と民間人の無差別大量虐殺を犯して手に入れた領土を、そのまま認めていいはずがない。犯罪をした者が得する世界があってはならない。

北方領土解放のシナリオ

そもそも北方領土を取り返すのは不可能だから、諦めるという選択肢もあり得るのでは、という意見もよく聞く。しかし、この意見は間違いだ。北方領土を取り返すことは、簡単ではないが、可能だ。

どのような方法で北方領土を取り返せるのか。

まず、戦争で奪還するという極端なシナリオについては分析しない。戦争という選択肢は完全に除外する必要はないが、多くの人命を奪われる展開は避けた方がいいだろう。領土回復は大事だが、国民の命も大事だから、領土回復と引き換えに多くの命を捧げるやり方には慎重になるべきだ。

では、戦争をせずに北方領土を解放する方法はあるのか。それは、ロシアにおける混乱に乗じて解放することだ。実は筆者自身も長い間、北方領土を取り返す機会があるとしたら、50年かそれ以上先のことだろうと思っていた。ロシアに混乱が起きるのはかなり先で、その理由として長年の独裁体制の行き詰まりと停滞だろうと見ていた。

ところが、ロシアによるウクライナ全面侵略が起きてから、もしかして北方領土を取り返す機会はより早く訪れるのではないかと思うようになった。なぜなら、大規模な戦争の場合、多くの人が死亡し、国民経済が疲弊するため、多くのプロセスが早く進むからだ。もちろん、ロシアで必ず混乱が起きるとは断言できない。しかし、混乱が起きる可能性は高まった。

２０２３年６月に起きた、いわゆるワグネルの反乱からわかるように、ロシアにおける反乱はまったく不可能なことではない。ワグネル反乱の際、結局ワグネルのプリゴジン社長がプーチンに説得されて、自分の意思で反乱を止めた。だが、反乱の当日、ワグネルの部隊がモスクワに向かっている最中、モスクワで当局側はパニック状態となり、市内でバリケードなどを作り始めていた。

もしプリゴジンが反乱を止めずにモスクワに入城し、権力機関の制圧を試みたら、成功する可能性があった。軍隊の一部がワグネル側に寝返る可能性もゼロではなかった。反乱の日にワグネル部隊が制圧したロストフ市では、多くの市民はワグネルを歓迎した。だから、モスクワでもこの反乱がロシア国民の間に支持を集めたかもしれない。

ワグネルは単なる民間軍事会社だった。つまり一企業だ。そしてワグネル反乱も、無計画な出たとこ勝負だった。それでも、途中まではうまくいった。結局、首謀者が肝心なところで怯んだ結果、失敗したが、もし用意周到な反乱を起こす人間が出てきたとすれば、成功する可能性は十分あるのではないだろうか。

もしロシアが今回の戦争で敗北すれば、国内に不満が高まるのは間違いない。独裁体制において、国民側が反政府運動を起こす可能性はないが、実力のある機関、つまり軍隊や治安部隊の中で有能な野心家が出てきたら、権力を独裁者から奪うための反乱は十分に起こりうる。

ちなみに、混乱が起きるきっかけは、今回のロシアによるウクライナ侵略での敗北とは限らない。現在、ロシアは自由民主主義諸国と冷戦状態、つまり戦争はしていないが深刻な対立関係にある。この新しい東西冷戦で、ロシアがまた敗北すれば、国力と国民生活がどん底に落ちる可能性がある。その時、中央における権力闘争、もしくは地方における分離主義運動、あるいは運が良ければ両方が同時に起き、ロシアは混乱に陥る可能性がある。

この状況こそが、日本が北方領土を取り返す機会だ。

実際にロシアで混乱が起きた時、取り返す具体的な方法は、その時の状況によっていくつか想定される。

一つ目は、弱体化したロシアの政府、もしくはロシアの代わりにできた国の政府に働きかけて、経済支援などを引き換えに北方領土を返還してもらう方法だ。混乱していても、統一した政府のようなものが存在すれば、一応、それに働きかけてみる価値はある。もしロシア側の政府がそれに応じれば、合意の上で返還させるのが一番だ。

二つ目の方法は、威嚇して返還させる方法だ。もしロシア、あるいはロシアの代わりにできた国が合意による返還に応じなければ、日本はその国を威嚇し、領土を返還させるという選択肢もある。つまり、領土を返還しなければ、実力行使で取り戻すと言えばいい。

そして、三つ目の方法は、実力行使で領土を解放する方法だ。もしロシアで混乱が起き、国家機関が麻痺し、組織的な抵抗ができないということが明らかになれば、日本の当局が北方領土に上陸し、領土を解放すればいい。この場合、北方領土のロシア人住民や当局が反発するかもしれないが、彼らは不法入植者だ。このような反発に何の正当性もない。

もちろん、今のようなシミュレーションは、あくまで簡略化したものだ。実際の状況はより複雑なものになるだろう。この三つのパターンの組み合わせもあり得るし、またはまったく別の展開もあり得る。しかし、間違いなく言えるのは、もし大きな軍事衝突をせずに北方領土を解放する機会が訪れれば、躊躇せず必ず領土を取り戻さなければならない。

そのためには、機会を逃がさないことが大事だ。ロシアにおける混乱といったような機会が訪れても、動ける期間は短いだろう。例えばロシアが混乱から立ち直り、統治機能を取り戻すかもしれない。あるいは、ロシアの代わりにできた国が、日本の北方領土に対して領有を表明し、実効支配を確立する可能性もある。また、中国のような第三国がその領土を横取りする恐れもある。

だから、機会はずっと存在しつづけるわけではなく、突然現れ、短期間で過ぎ去る。その機会を逃がさず領土を確実に解放するには、瞬時に動く必要がある。日本政府には、その際、早急に適切な判断をする能力が求められる。

北方領土解放のために日本が準備すべきこと

だが、もし日本の政界や日本社会全体が北方領土に関する認識を根本的に改めなければ、機会が訪れても、領土を解放するのは100％不可能だ。日本政府や日本社会全体は、北方領土を必ず取り戻さなければならないという強い信念を持つ必要がある。日本の政治家、メディア、言論人、学者などは、北方領土の解放を国家の最優先課題の一つとして制定し、日常的にこれに関する議論をしなければならない。

ロシアと交渉するとか、北方領土在住のロシア人と民間交流を深めるとか、そういった無意味どころか、北方領土解放を遠ざける有害な話を一切なくし、具体的にどのように取り返せるのか議論するべきだ。

当然、精神的な準備だけではなく、物理的な準備も必要だ。戦争して取り返すわけではないが、強い立場で返還させる、もしくはいざとなれば実力行使で解放するための強い軍事力が必要だ。先述したように、北方領土問題とは関係なく日本の抜本的な防衛力強化が必要だが、北方領土解放を考える上でも、強化が不可欠だ。日本の自衛隊に、北方領土解放専用部隊を創設し、常に解放を想定した訓練を行うことも望ましい。

領土解放に向けて、他にもさまざまな準備が必要だ。解放を実行する人材や装備だけではなく、解放の直後に復帰した領土の統治を行う人材も、荒れ果てた土地の復興を行う物資なども必要だ。だから、北方領土と隣接している北海道を、解放に必要なものが集中されている拠点にしなければならない。

結局、日本が精神的にも物理的にも北方領土解放のために努力しない限り、永遠に取り戻せない。今から準備を始めないと、突然現れる北方領土を取り戻す機会を活かせず、その時こそ取り返しのつかないことになる。だから、日本の政治家と専門家に求められることは、取り返す機会が現れた時に、情勢を正確に見極め、「チャンスは今だ」と気づく能力だ。そして、取り返す機会を見極めた時に、瞬時に動く能力だ。

もちろん、「機会を待つ」だけでは不十分だ。機会を近づけるための努力が必要だ。だから、ロシアが混乱に陥るための政策が必要だ。諜報、特に対外謀略は戦後日本の苦手分野だが、自国の領土を解放し、主権を回復するにはこれも必要なことだ。日本は諜報能力を持ち、ロシアを混乱させる必要がある。

混乱させる方法はさまざまだが、ロシア人同士の対立を誘発するのは基本的な方針になると思われる。ロシア国内で、社会階級、地域、思想、宗教などのベースでロシア人同士が対立し、その対立が暴動や武力衝突につながることが望ましい。

また、ロシア人同士の対立以外に、ロシアが支配している諸民族の独立運動を支援する必要がある。今の「ロシア連邦」とは、統一している国ではなく、ロシア人によって支配されている植民地の集合体だ。「ロシア連邦」は21の共和国、1つの自治州（ユダヤ自治州）、10の自治管区、6つの地方、49の州、そしてモスクワ市とサンクト・ペテルブルグ市の89の連邦構成主体から成り立つ（**図14**）。

この場合、ロシア人は本土がどうなるかということに精一杯になり、遠く離れた島に構う余裕がない。だから、日本は戦争することなく、無血で北方領土を解放できる。ちなみに、このシナリオでは、いわゆる北方四島だけではなく、ロシアが不法占領しているすべての領土、つまり千島列島と南樺太も解放できる。

もしロシア政府が機能不全に陥り、解放を妨害する力がない場合、北方四島を無血で解放することと、千島列島と南樺太を解放することに、大した差はない。物理的にすることはまったく同じで、上陸する範囲が広くなるだけだ。だから、日本はわざわざ遠慮して、北方四島だけに止まる必要はない。不当に奪われた領土をすべて取り戻せばいい。

千島と南樺太をどのような根拠で取り返すのか、という疑問もある。たしかに、日本は一度、千島列島と南樺太を放棄している。しかし、それらをロシアに割譲したこともないし、日本に勝ったアメリカも千島と南樺太のソ連への編入を認めていない。だから、少なくとも、ロシアにそれらを支配する権利はない。ロシアの支配が不当となれば、どの国が支配するのか。中国もアメリカもそこを統治する根拠がない。独立国家を作る能力のある先住民もいない。そうなれば、千島と南樺太で何百年にもわたって生活をしていた日本人の統治下に戻すのが最も自然な解決だろう。

さらに、この領土が日本から奪われた経緯を考えれば、なおさら日本に戻す以外の解決策はないというのは明らかだ。ソ連は1945年8月9日、突如、日ソ中立条約を破棄し、対日参戦した。日本の領土を奪い、日本の民間人を大量に虐殺した。そのまま北方四島を不法占拠し、80年が過ぎようとしている。

これほどの戦争犯罪をロシアから受けた日本は、損害賠償という観点からも千島と南樺太を復帰させる権利があるだろう。筆者の意見では、ロシアによる対日犯罪の規模を考えれば、千島と南樺太返還だけでも不十分なぐらいだ。

「力による現状変更」の「現状」とはいつか

最後に、北方領土の解放と国際法の関係について考えたい。現在の国際法では、いわゆる「力による現状変更」が認められないという原則がある。

［国際連合憲章　第2条］

4　すべての加盟国は、その国際関係において、武力による威嚇又は武力の行使を、いか

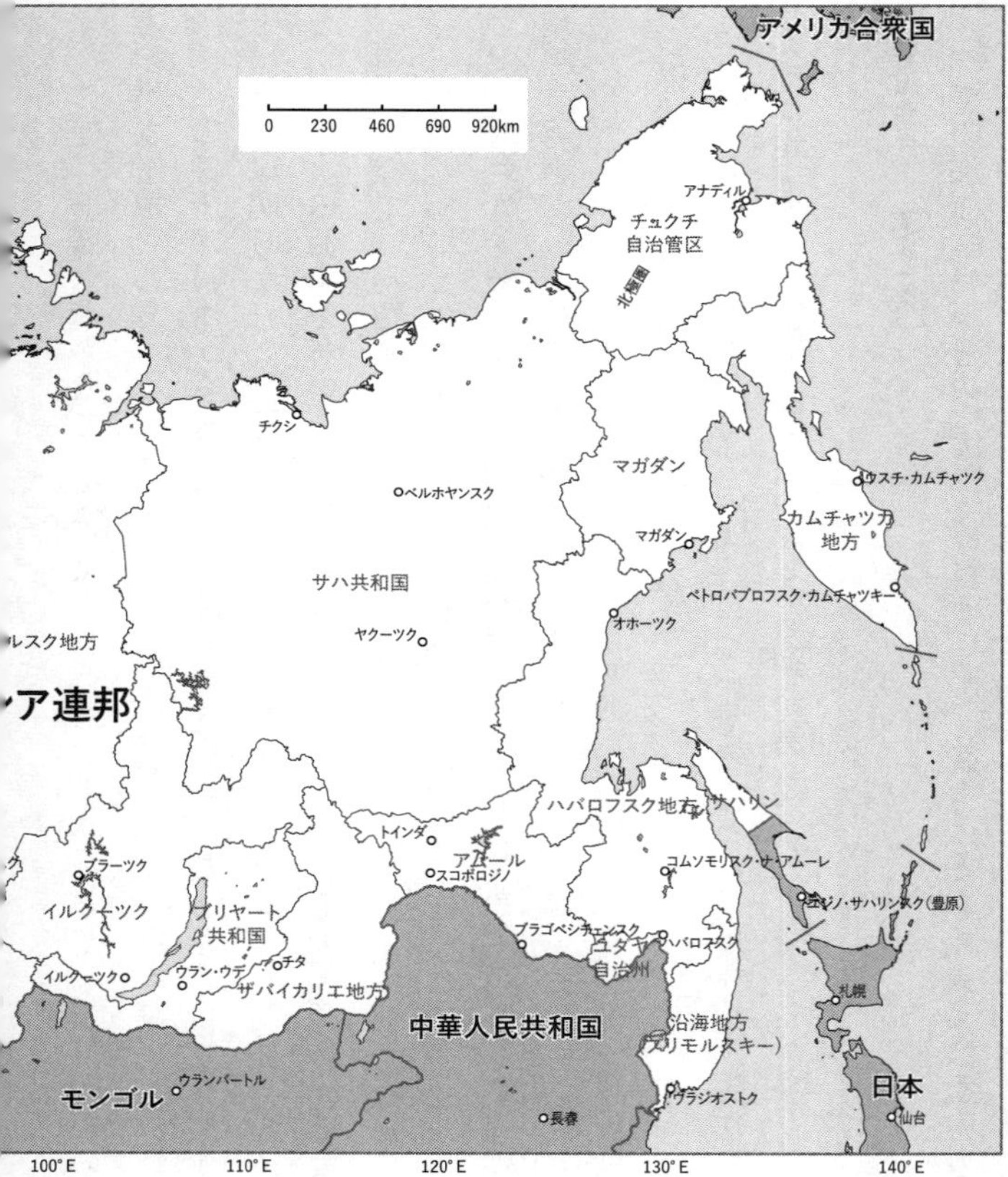

アメリカ合衆国
0 230 460 690 920km
アナディル
チュクチ
自治管区
北極圏
チクシ
マガダン
ベルホヤンスク
ウスチ・カムチャツク
カムチャツカ
地方
マガダン
サハ共和国
50° N
ペトロパブロフスク・カムチャツキー
オホーツク
ヤクーツク
ルスク地方
ア連邦
ハバロフスク地方
サハリン
トインダ
アムール
スコボロジノ
コムソモリスク・ナ・アムーレ
ブラーツク
イルクーツク
ブリヤート
共和国
ユジノ・サハリンスク（豊原）
ブラゴベシチェンスク
ハバロフスク
ユダヤ
自治州
チタ
ウラン・ウデ
イルクーツク
40° N
ザバイカリエ地方
札幌
中華人民共和国
沿海地方
（プリモルスキー）
日本
ウランバートル
モンゴル
ウラジオストク
長春
仙台
100° E
110° E
120° E
130° E
140° E

図 14　ロシア連邦

ノルウェー
オスロ
デンマーク
コペンハーゲン
ドイツ
ベルリン
スウェーデン
ストックホルム
フィンランド
チェコ
ポーランド
ワルシャワ
カリーニングラード
リトアニア
ラトビア
エストニア
ビリニュス
リガ
ムルマンスク
カレリア
共和国
アルハンゲリスク
プスコフ
ノヴゴロド
ミンスク
ベラルーシ
ネネツ
自治管区
ボログダ
トヴェリ
スモレンスク
ヤロスラブリ
モスクワ
ブリャンスク
カルーガ
コストロマ
コミ共和国
ボルクータ
シクティフカル
サレハルド
モルドバ
キーウ
キシナウ(キシニョフ)
ウクライナ
トゥーラ
ニジニー・ノヴゴロド
キーロフ
リャザン
ヤマロ・ネネツ
自治管区
ベルゴロド
ボロネジ
ペルミ地方
ペルミ
ハンティ・マンシ
自治管区
セロフ
ペンザ
ウリヤノフスク
スルグト
ロストフ
ロストフ・ナ・ドヌー
サマラ
スヴェルドロフスク
エカテリンブルク
クラスノダール
チュメニ
ウファ
バシコルトスタン
共和国
チェリャビンスク
ソチ
ウラリスク
カルムイク
共和国
クルガン
アストラハン
オレンブルク
トムスク
オムスク
グロズヌイ
アティラウ
アクトベ
ペトロパブロフスク
ノボシビルスク
ジョージア
マハチカラ
トルコ
ケメロボ
アルメニア
アスタナ
アゼルバイジャン
バクー
カザフスタン
バルナウル
カラガンダ
アルタイ地方
セミパラチンスク
アルタイ
共和国
トルクメニスタン
テヘラン
ウズベキスタン
イラン
アシガバート(アシハバード)
タシケント
ビシュケク
中華人民共和国
40° N
50° E
60° E
70° E
80° E
90° E

なる国の領土保全又は政治的独立に対するものも、また、国際連合の目的と両立しない他のいかなる方法によるものも慎まなければならない。

つまり、その時点で領土を実効支配している勢力の合意がなければ、力で領土を奪還してはいけないということだ。

しかし、この原則には重大な欠陥が存在する。正当な領土と不法占領地の区別をつけていないということだ。

「力で他国の領土を奪ってはいけない」というのは、まったくその通りだ。問題は、不法占拠されている自国の領土も力で奪還してはいけないということだ。つまり「力による現状変更」という表現で「現状」というのは国際的に認められた国境のことではなく、その時点の実際の支配地域を意味している。北方領土問題でいうと、ロシアは北方領土を実行支配しているところが「現状」となる。

現在の国際法では、他国に攻め込まれた当初は、自衛権を行使する形で応戦することが認められるが、いったん戦争が終われば、他国に奪われた領土を奪還してはいけないことになっている。これは非常に危険なルールだ。もしロシアのような侵略国家が戦争を起こし、他国の領土を奪い、その後いったん停戦に持ち込むことができれば、その領土の帰属国が領土を解放する権利を永久に失うことになる。例えば、もしロシアによるウクライナ侵略が何かの理由で停戦になれば、ウクライナは現在ロシアに占領されている領土を力で解放する権利を失うという意味だ。

このようなルールは理不尽極まりないだけでなく、実際に戦争を起こしやすくしている。侵略国家が他国の領土を奪った上で停戦さえすれば、正当な帰属国による奪還の恐れはないので、安心して占領地を自国の領土として統治できるからだ。一度占領さえすれば停戦で永続的な支配が確定するということになれば、それは侵略国の領土強奪欲を喚起する。思い切って侵略行動に出て、仮に一度失敗しても、成功するまで何度もやればいい。そして、一度成功すれば、侵略国による占領地の支配は国際法に守られることになる。

つまり、現在の国際法は、守っている遵法国家が一方的に損をして、国際法を無視している侵略国家が一方的に得する内容になっている。もし理不尽なルールであっても、これで戦争を防ぐことができるならまだいいが、実際にこのルールのせいで戦争が引き起こされている。これが今の国際法の現実なのだ。

このような重大な欠陥を持っている国際法を見直すべきだ。「力による現状変更をしてはいけない」という表現自体は問題ないが、「現状」の意味を見直すべきだ。「現状」とは、その時の支配地ではなく、国際的に認められた国境のことにすれば、問題はなくなる。この場合、占領地と正当な領土の区別がつくので、他国の領土を絶対に奪ってはいけない、しかし不法占拠されている自国の領土を力で奪還できるという、常識的なルールになる。

他国の領土を戦争で奪っても、帰属国はいつでも奪還できる状態であれば、奪うメリットが減り、リスクが増える。

言っておくが、国際法自体は悪ではないし、国際社会に絶対に必要なものだ。しかし正当な領土と占領地の区別をつけていないという間違った部分を見直すべきだ。

当然、日本も国際法を守るべきだが、国際法が抱えている重大な欠陥の部分にまで、固執する必要はない。この部分は間違っているので、それに素直に従ってはいけない。だから、戦時法や人道法などを完璧に守りながらやるべきだが、北方領土の解放自体を諦めてはいけない。

むしろ、本来あるべき国際法のために、絶対に解放しなければならない。他国の領土を奪って、何十年もそれを自国の領土であるかのように支配できる状態こそ完全に違法だ。他国の領土を当たり前のように占領して支配することを認めていない、本来あるべき国際法のために、主権を回復して、正当な国境に戻すべきだろう。

まだ多くの日本人は今の国際法の間違った部分に固執し、力で北方領土を解放してはいけないと思っている。しかし、実際は日本が北方領土を解放しても、国際社会から批判されることはない。流血が伴う戦争で奪還すると、流血が問題視されることがあるのだが、ロシアの混乱に乗じて、無血でやれば、ほとんどの国は批判しないだろう。

自国の領土を無血で奪還するのは当然なことだ。国際社会で自国の領土の奪還に関する理解はある。もちろん、解放の前に日本はしっかりした国際的な発信を行わなければならない。日本がいきなり攻めたのではなく、ロシアが長年不法占領している領土をやっと取り戻した、国際的な正義が実現した、ということを国際社会に理解してもらうために、日本はしっかりその事実を伝えなければならない。

日本は正しい発信をした上で、無血で北方領土を解放すれば、誰にも批判されないだろう。まして、制裁を受けることも絶対にない。だから、法的な観点や国際社会の反応という観点から北方領土の解放をためらう必要はない。

以上のように、ロシアによるウクライナ侵略はすでに日本の正常化に大きく貢献した。日本は確実に2022年以前より進んでいる。それだけではなく、この戦争は日本にさらに、大きなチャンスを与えている。防衛力強化のチャンス、国民意識の正常化のチャンス、国際社会における存在感を示し、世界における影響力を高めるチャンス。そして、領土回復のチャンス。この多くのチャンスを日本人はどこまで活かせるのか、日本人の努力と、意志次第となるだろう。

第6章

ロシア・ウクライナ戦争の行方

第1節　ロシアが勝った場合に世界はどうなるか

旧ソ連諸国もロシアに支配される

万が一ロシアの侵略が成功したら、世界はどうなるのか、シミュレーションしたい。

まず理解しなければならないことは、世界がつながっているということだ。一見、遠い国の出来事は、多くの国に多大な影響を与えている。もし、ロシアによるウクライナ侵略が成功してしまったら、世界秩序は崩壊する。

そして、ロシアはウクライナで止まるつもりはない。ロシアの目的は、旧ソ連諸国をもう一度ロシアの領土にし、旧社会主義圏をもう一度ロシアの勢力圏にすることだ。もしロシアがウクライナを征服できれば、NATOに加盟しているバルト3国以外の他の旧ソ連諸国もロシアに支配される。ウクライナは旧ソ連でロシアを除き、一番強い国だった。そのウクライナが陥落すれば、他の諸国はロシアに対して勝ち目はない。ウクライナが残虐に蹂躙されたことを目にした他の旧ソ連諸国は、戦わずしてロシアの軍門に降るかもしれない。

ウクライナ攻略さえ手こずっているロシアに自由民主主義諸国の脅威になることがあり得

るのか、と過小評価する人もいる。今のロシアは、たしかに強いとは言えないかもしれない。しかし、もしウクライナと他の旧ソ連諸国を征服できれば、ロシアは新たに約500平方キロメートルの土地と約1億人の人口を手に入れることになる。当然、獲得した土地の資源はロシアのものになり、獲得した人材の知恵もロシアのものになる。一部の人は亡命するだろうが、大多数は残るだろう。旧ソ連の再建である。

米ソ冷戦時代、ソ連はあれほど世界に恐怖を与えていた。今度は、資本主義と市場経済を導入した、パワーアップしたソ連が誕生する。新ソ連は、今のロシアよりはるかに強くなる。自由民主主義諸国にとって脅威となるのは間違いない。

西側諸国で親露派勢力が台頭しＮＡＴＯは形骸化

ただし、旧ソ連圏を全部吸収したロシアは、恐らく西側と大規模な武力衝突をしないのではないかと思う。その必要がなくなるからだ。

ロシアは旧社会主義圏の東欧諸国を勢力圏にしたいのだが、そのために武力を使う必要はないかもしれない。なぜなら、巨大になったロシアを目にすれば、東欧諸国は怯えて、自分からロシアの影響下に入るからだ。今でもすでにハンガリーやスロバキアには親露派政権があり、他の欧州諸国でもそれなりの支持率を持っている親露派のポピュリスト勢力がいる。

もしロシアが勝ったら、彼らの言うことは正解だったということになり、親露派勢力が各国で政権を取ることになるかもしれない。

なぜそうなるのか。残念ながら、先進国でも一般人の国際問題に関する理解度は高くない。だから、ロシアが戦争に勝ち、大国になった場合、「ロシアが脅威だから、その脅威に備えるために強くならなければならない」という考えではなく、「ロシアが強くなりすぎたので、平和を保つために、ロシアを刺激するのではなくロシアと共存するしかない」という考え方が、一般人の間に広まりやすいからだ。

単純でわかりやすいスローガンを駆使した親露派ポピュリスト勢力は、「我々はロシアとの共存を実現できるリアリストだ」と言って、支持を集めて政権を取る。そして、政権を取れば、彼らはロシアに対して宥和路線に舵を切るだろう。政治謀略に長けているロシアは、次第にヨーロッパ諸国における影響力を伸ばし、最終的に東欧諸国を完全な属国にするだろう。

アメリカでは、親露ポピュリストの要素を持つドナルド・トランプとその側近たちが政権を取った。各国で親露ポピュリストが政権を取れば、NATOが持っている抑止力はなくなる。NATOの原則は、1国が攻撃されたら全加盟国で反撃するということだが、もし各国で親露ポピュリストが政権を取れば、いざという時に、彼らは北大西洋条約が定める同盟国の防衛義務を履行しないかもしれない。そうなればNATO自体が形骸化する。

西側の集団防衛体制が崩壊すれば、仮に一部の国がロシアの影響下に入るのを拒否したとしても、ロシアはその抵抗を力で潰すことができる。旧ソ連諸国を吸収した、巨大になったロシアなら、ヨーロッパの中規模の国を1対1の戦いで潰すことができる。

親露ポピュリストの政権が長くなれば、最悪のシナリオで旧社会主義圏の東欧諸国はもちろん、ヨーロッパ全体がロシアの勢力圏に陥る恐れがある。当然、この場合、アメリカも孤立主義に陥り、アメリカ大陸に籠もることになる。

中国も拡張主義を実行

するとアジアでは中国が、このような世界秩序の崩壊とロシアの巨大化に勇気づけられ、拡張主義を実行するだろう。弱いロシアの拡張主義さえ阻止できなかった国際社会は、ロシアよりはるかに強い中国の拡張主義を阻止できるわけがない、と中国は判断するだろう。

ロシアが勝ち、ヨーロッパで親露派が政権を取り、アメリカが孤立主義に陥ったら、アジア・太平洋地域における中国の拡張主義を阻止できる勢力がなくなる。戦争になった場合、日本、台湾、韓国、フィリピン、そしてオーストラリアは、力を合わせればしばらくの間は中国に応戦できるだろう。しかし、欧米の後ろ盾がない状態で長期戦になれば、数で勝っている中国が有利になるだろう。

しかし、おそらく連帯も現実的に難しい。中国は賢く拡張主義を行うので、1国ずつ潰していく作戦を取るだろう。ロシアの勝利によって、アジア諸国でも独裁国家に宥和的なポピュリストが政権を取る可能性が高い。東アジア各国は、連帯して中国の拡張主義に対抗するのではなく、他国が中国に潰されている場面を観察しながら、自分がそうならないように、今の内に中国に媚びを売らなければならないと考えるだろう。

その東アジアにおける拡張主義には、中国だけでなくロシアも加わるだろう。特に日本の場合はそうなる。中国が日本を狙う時、間違いなく北からロシアも攻めてくるだろう。

中国による戦争の第一のターゲットとして台湾が想定されるが、もし台湾への侵略が成功すれば、その次は日本が攻撃対象になる可能性がある。今は、日米同盟という歯止めがかかっているが、侵略戦争の成功体験を何度か味わえば、勢いがついた独裁国が賭けに出ることも考えられる。この時こそ、ロシアの脅威が出てくる。

ロシアは単独で日本を攻撃できないが、中国が日本を攻撃すれば、ロシアは間違いなく中国による戦争に加わり、北から日本を攻撃するだろう。なぜなら、中国はロシアに協力を要請するだろうし、ロシア自身も中国で手一杯になった日本を攻撃し、北海道を強奪する機会を逃さないだろうからだ。

他国の援助がない状態で、日本は単独で中露には勝てない。そして、中露が日本を分割し、他のアジア・太平洋地域が完全に中国の支配下に入る。

世界覇権を狙う中露の他、イランのように地域覇権を狙う国も出てきて、各地で戦争や国の乗っ取りが起きる。そして、世界全体は中露による、恐怖に基づく新しい秩序で雁字搦めになり、支配されるか、もしくは戦乱に陥るかだ。

このように、ロシアの勝利は、自由民主主義諸国対独裁国家の新冷戦で、独裁国家側の勝利を近づける。これが唯一のシナリオではないが、中露の野望と自由民主主義諸国におけるポピュリズムの波を見れば、十分にあり得るシナリオだ。

第三次世界大戦は起きるか

ロシアがウクライナに勝てば第三次世界大戦になるという意見もある。だが、私はこの場合、第三次世界大戦はまだマシな展開だと思っている。

中露は、世界覇権を獲得するために世界大戦を起こす必要がないかもしれない。いくつかのローカルな戦争を起こし、それに勝利すれば、残りの国は政治謀略で乗っ取ることで十分だからだ。そして自由民主主義諸国は、戦わずして敗北することになる。

第三次世界大戦になれば、国力に勝る自由民主主義側は間違いなく勝てる。しかし、いくつかのローカルな戦争における独裁側の勝利を目にして、自由民主主義諸国が怯んで自分から独裁国家に宥和路線を取った場合は、勝ち目がない。

この現実を、自由民主主義諸国の指導層はしっかり認識しなければならない。今、ウクライナ支援をためらいロシアを勝たせてしまうと、自分たちの国が直接ロシアに攻撃されなくても、親露ポピュリストに政権を奪われる可能性が高まる。彼らは、戦わずして自国をロシアの影響下に入れるだろう。

現段階では、自由民主主義諸国の総力は、拡張主義を狙う独裁国家の総力より強い。だから、本格的に対立すれば、自由民主主義側が勝てる。これは大規模な戦争をするという意味ではなく、冷戦の形で本格的に独裁国家を抑止し、ウクライナのように独裁国家に侵略された国を全力で支援するという意味だ。

だが、優柔不断な態度を取ると、自分たちより弱い独裁国家に負ける可能性がある。敵より強いのに負けることほど、もったいないことはない。独裁国家の勝利は全世界にとって最大の悲劇になるので、自由民主主義側は必ずしっかりした姿勢を取り、勝たなければならない。

第2節　ロシアは停戦するか

ロシア軍による民間人無差別大量虐殺

この戦争で、ロシア軍による民間人に対する戦争犯罪は突出している。もちろん、どの戦争でも戦争犯罪は付き物である。生きるか死ぬかの究極の状態で、敵国の民間人の命を構う余裕などない。

敵の軍やインフラを狙って、攻撃が逸れた結果、民間人が被害を受けることはよく起こる。また、兵士が規律を守らず、民間人に対して犯罪を犯すこともよく起こることだ。しかし、最初から組織的に民間人を狙うようなことは通常ありえない。わざわざ民間人を殺すとなると、動機について疑問が起きる。

ロシアは、ウクライナで民間人の無差別大量虐殺を行っている。ロシアから解放された地域では、ロシア軍による組織的かつ計画的な無差別大量虐殺が起きていた。

ロシア軍が全面侵攻直後の2022年3月に、占領した首都キーウ郊外のブチャで行った虐殺は世界に衝撃を与えた。ロシア軍部隊が撤退後にブチャに残された死と破壊の痕跡は、ロシア軍の残虐さを世界に知らしめた。東部のイジュームでも計画的な虐殺の跡があった。おそらく、まだロシアに占領されているウクライナの地域でも似たような虐殺が行われているだろう。

ロシアによるウクライナの都市に対する攻撃も多くの場合、明らかに民間施設が狙われている。もちろん、軍事施設や重要インフラ施設を狙ったミサイルが外れて、民間施設に当たることもあるが、周辺に軍事や重要インフラ施設がないにもかかわらず、マンション、ショッピングモール、病院、学校などに命中するケースが非常に多いからだ。これは、意図的に民間人を狙っていると考えざるを得ない。

民間人への意図的な攻撃は国際社会からの大きな非難を招く。相手国が国際社会から支援を受け、自分の戦いが不利になるため、いくら相手国の国民が憎いからといって、意図的に殺すことは珍しい。

それにもかかわらず、なぜロシアはウクライナの民間人を攻撃するのか。

まず、ロシア人にとって、ウクライナ人は憎い存在だからだ。ロシアの支配を快く受け入れず、すぐ降伏せずに抵抗しているウクライナ人をロシア人はとにかく許せない。ロシア人は早期降伏を期待したが、その期待通りに動かなかったウクライナ人は、ロシア人にとって「裏切り者」である。ロシア人は、ウクライナ人を同じロシア人だと認識していた。同じ民族にもかかわらず抵抗するというのは裏切り者であり、裏切り者は絶対に許せないと考えた。

次に、民間人を狙うことで、ロシアはウクライナ人の抵抗する意思を挫こうとしている。多くの民間人を殺すことによって、ロシアはウクライナ国民に恐怖と絶望を植え付けようとする。「このまま戦争が続けば、その間、ロシアによるミサイル攻撃も続く。自分や自分の家族もミサイルで死ぬだろう。生き延びるために降伏するしかない」といった考えがウクライナ人に出てくるのが狙いだ。

さらにウクライナの兵士を追い詰めることも狙っている。兵士は毎日、死の危険にさらされている。ただでさえ精神的に苦しいのに、その上、「後方にいる家族がミサイル攻撃で死ぬかもしれない」という恐怖があると、兵士の士気、従って戦いの効率に影響する。ウクライナ兵士に目の前の任務に集中させず、家族の安全を心配させることも狙いの一つである。

だが、ウクライナ人の意思を挫くことは恐らく成功しないだろう。なぜなら、歴史的に見ても、民間人への意図的な攻撃がその国の国民全体の戦う意思に影響した事例はほとんどないからだ。

基本的に、民間人を意図的に狙ったら、「このような野蛮な人たちに降伏するわけにはいかない」と考えるので逆効果である。結局、戦争とは正規軍同士の戦いが主体であるから、民間人をどんなにミサイルで殺しても、正規軍が無事であれば、その国は抵抗をやめない。

ロシアがウクライナの民間人を狙うもう一つの目的は、他の旧ソ連諸国に対する見せしめである。ロシアは、ウクライナの征服の次は、旧ソ連圏全体をロシアの領土にしたいと意図していることは明らかだ。

ロシアの意図に抵抗したウクライナへの「懲罰」は、他の国への見せしめになる。ロシアがその国の併合を決めた時に、もしその国が抵抗すれば、ウクライナと同じ目に遭うことになる。つまり、「ウクライナみたいになりたくなければ、おとなしく支配下に入れ」というメッセージだ。

ロシアの目的はウクライナ民族の消滅

そして、最も重要な意図は、ウクライナ民族の計画的なジェノサイドである。

今回の全面戦争が開始される前は、ロシア人はウクライナ人が自分たちと同じ民族だと思っていた。だが、実はウクライナ人の方はそう思っていないことをロシア人は理解した。そうである以上、ロシア人としては、ウクライナ人をそのまま残してはいけないことが明らかになった。

ロシア人は、「ウクライナ人」というアイデンティティが存在しているかぎり、ウクライナ人は必ずロシアの侵略に抵抗することがわかった。ロシアは、通算330年間ウクライナを支配し、その間に何度もウクライナ人に対する無差別大量虐殺を行ってきた。しかし、これまで完全にウクライナ人を一人残らず消滅させることはできなかった。今までのロシア人は、一人残らず消滅させなくても、ウクライナ人はロシアの支配を受け入れると思っていたからである。

ところが今回の戦争で、ロシアの支配を拒否する手段があった場合、ウクライナ人は抵抗することが明らかになった。だから、ロシア人は「ウクライナ人問題の最終的解決」をしなければならないと理解した。抵抗運動のない安定的なウクライナ統治を行うには、ウクライナ民族がいては困る。

もし、ロシアがウクライナの全土、もしくは広範囲を占領すれば、ロシアはウクライナ人を消滅させる政策を取るだろう。抵抗する意思のあるウクライナ人は、全員殺されるか、拷問を受け、ロシアに協力的になるか、生涯を牢屋で終えるか、といった運命が待っている。

寛容性を見せるために、一部のウクライナ人の亡命を認めるかもしれないが、それは例外になるだろう。大多数は殺される。また、抵抗する意思のないウクライナ人は、洗脳教育やプロパガンダで意識を改造し、ロシア人のアイデンティティを埋め込まれる。

もう一つの方法は、子供の大量拉致である。ウクライナ人の子供を大量にさらって、ロシアに移動させ、ロシア人の家庭に養子に送り、ロシア人として育てる。これもウクライナ人を消滅させる計画の一環である。

ジェノサイドと普通の虐殺は何が違うのか。ジェノサイドとは、特定の民族を完全に消滅させることを目的とした大量虐殺だ。民族全体の消滅を目的にしていない虐殺は、ジェノサイドとは言わない。

1948年に国際連合で締結されたジェノサイド条約の第2条では、「集団殺害」について次のように定義されている。

「集団殺害犯罪の防止及び処罰に関する条約（ジェノサイド条約）」

第2条　この条約では、集団殺害とは、国民的、人種的、民族的又は宗教的集団を全部又は一部破壊する意図をもつて行われた次の行為のいずれをも意味する。

（a）集団構成員を殺すこと。

（b）集団構成員に対して重大な肉体的又は精神的な危害を加えること。

（c）全部又は一部に肉体の破壊をもたらすために意図された生活条件を集団に対して故意に課すること。

（d）集団内における出生を防止することを意図する措置を課すること。

（e）集団の児童を他の集団に強制的に移すこと。

ロシアの目的は正にウクライナ民族の絶滅だから、ジェノサイドの定義に当てはまる。ジェノサイドと断定するには、何人殺すのか、何人洗脳するのかは関係ない。民族を消滅する意図があるかどうかが判断基準だ。ちなみに、ロシアの計画通りにいけば、殺されるウクライナ人は数十万人になるだろう。

ロシアに占領されている地域では、すでに先述したジェノサイドが行われている。では、占領されていない地域についてはどうか。すでにこの戦争で行われている、ロシアに占領されていない地域におけるウクライナの民間人への無差別の攻撃も、ジェノサイドの一環だ。直接殺すことで、ロシアはウクライナ民族の数を減らしている。1回の攻撃で殺された人は数十人程度だから、数千万人の民族全体に影響を及ぼさないかもしれないが、長年戦争を続け、毎日のように民間人を殺し続ければ、最終的にかなりの人数になる。

民間人攻撃が引き起こす人口減少問題

もっと大きいのは間接的な効果だ。民間人への意図的な攻撃は、経済活動を直撃する。正常な経済活動ができずに収入を失い、物資不足や貧困に陥る人が増える。国民は、次は自分が殺されるかもしれないという恐怖の中で生きることになる。鬱や絶望感に苛まれる人々も大幅に増加するだろう。

また、この環境では子供を産み育てようと思えない人々も増えるだろう。自分がギリギリの生活をし、いつ死んでもおかしくない状況で、子供を作り、育てる余裕がなくなる。これこそが、民間人への攻撃と、この戦争全体の最大の効果だと言える。ウクライナ人の出生率は激減するので、将来的にウクライナ民族の数が減るのは不可避だ。これはロシアにとって最も好都合なことだ。

人口減少問題は、戦況と同じぐらい深刻な問題である。今回の戦争でロシアの侵略を食い止めたとしても、戦争の結果、ウクライナ人の人口が全面戦争前より半減すれば、ロシアが次に侵略する時に、ウクライナの征服は今より容易になるだろう。だから、今のウクライナにとって、戦争に勝つことと同じぐらい大事なのは、人口を維持することなのである。

ウクライナの人口を減らすのは、出生率の激減だけではない。戦争で多くのウクライナ人が国外に避難したことも、ウクライナの人口構造を直撃した。戦争が長引けば長引くほど、避難したウクライナ人が帰国する可能性は低くなる。民間人への意図的な攻撃には、より多くのウクライナ人を国外に退避させるという狙いもある。

ロシアとしては、ウクライナ民族を逃がすより完全に絶滅させる方がいい。しかし、ウクライナ人の激しい抵抗に遭ったロシアは、より現実的な路線を取った。本当は絶滅させたいが、ウクライナ人が国内に残れば、その分だけ抵抗される可能性が高くなる。そこで、より多くのウクライナ人が国外に避難することでウクライナの征服が簡単になるなら、それでもいいと考えた。

以上のように、民間人に対する意図的な攻撃の目的は、ウクライナからウクライナ人が消えることとなのである。いなくなったウクライナ人の代わりにロシア人を移住させ、占領地のロシア化を進めるつもりだ。実際、ロシア帝国時代、ソ連時代にも、ウクライナ人を激減させて、ロシア人を移住させることが行われた。

つまりこの戦争は、領土を巡る戦争だけではなく、特定の民族の絶滅を狙った戦争でもあるということだ。ただの領土戦争より、はるかに深刻な事態だということを国際社会は理解し、早く動かなければならない。

ロシアが狙う戦争の長期化

全面戦争は、すでに3年以上続いており、終わる見込みはまったくない。この戦争はいつまで続くのだろうか。それは誰にもわからない。

この戦争は長引く可能性が非常に高いということは言える。なぜなら、戦争を起こしたロシアが長期化を狙っているからだ。

戦争終結の時期とその方法について議論する時に、多くの論者は根本的な間違いをしている。それは、ウクライナや自由民主主義諸国の思考、姿勢、内情などだけしか取り上げないことだ。例えば、「ウクライナは領土の奪還を目指しているから戦争が長引く」、もしくは「西側で支援疲れが起きているから、戦争は1年以内に終わる」といった主張だ。

だが、このような分析は何の意味もなしていない。なぜなら、ウクライナは攻撃を受けている側で、自由民主主義諸国も攻撃を受けている側の支援者だからだ。戦争を終わらせるには、攻撃している側が攻撃をやめなければならない。攻撃を受けた側、あるいは第三者がどんなに戦争の終結を望んでも、攻撃している側がそれを望まない限り、戦争は終わらない。つまり、ウクライナや自由民主主義諸国がどう考えているのかより、ロシアやプーチンはどう考えているかの方が大事だということである。

それでは、ロシアはどう考えているのか。すでに何度も言及したように、ロシアはウクライナ全土を征服したいという強い信念を持ち、その実現のためにいかなる犠牲も厭わない。これはこの戦争の大前提であり、まずこれを理解しなければ、この戦争に関する議論はできない。

ロシアは、ウクライナ全土を征服するまでこの戦争を止めるつもりはない。だが、ロシア軍は最初の電撃戦に失敗し、その後もウクライナ軍になかなか勝つことができず、戦場において一進一退の攻防が続いている。この状態で、ロシアはどのように勝つつもりなのか。答えは簡単だ。戦争をなるべく長引かせようとしている。

ロシアは、完全に総力戦態勢に入った。ロシアの軍事費は国家予算の約3分の1に上り、大量動員も行われている。動員の効率化のために、かつては手渡しが原則だった召集令状が電子的に送られるようになった。

また、外国人戦闘員の募集にも力が入っている。ロシア軍に入隊する外国人とその家族は、申請すれば簡単にロシアの国籍を取得できる。北朝鮮からの部隊も積極的に参戦させている。ロシアは明らかに、何年も戦争を続ける国作りを行っている。

なぜならロシアは、戦争が長引けば自分たちが勝てると思っているからだ。計算は単純明快だ。ロシアの人口はウクライナの4倍である。だから、このまま何年もずっと兵力の削り合い（殺し合い）を続ければ、どこかの段階でウクライナ人を全滅させることができる。その時点でロシア人はまだ4分の3の人数は生きていることになる。つまり、ロシアの勝利である。人権意識のない、人命の価値が極めて低いロシアにおいては合理的な計算なのである。

またロシアは、戦争が長引けば、自由民主主義諸国によるウクライナ支援の規模が縮小すると期待している。例えば、支援に否定的な政治家が選挙で当選する、もしくは支援をしたくても、在庫切れのためこれ以上支援できなくなる、といった状態である。

以上の計算から、プーチンは戦争が長期化すれば、ロシアが必ず勝てると確信している。もちろん、戦争の経緯は、プーチンの思惑通りに進むとはかぎらない。しかし、プーチンとロシア人の圧倒的多数がそう考えていることを理解しておかなければならない。自由民主主義諸国がどう考えようが、ロシアは戦争の長期化のために全力を尽くす。私たちは、このロシアの戦略に対応しなければならない。

ロシアが停戦に応じる可能性はあるか

戦争の長期化というロシアの戦略は、停戦の問題ともつながっている。停戦の議論においても、多くの論者は先述したような過ちを繰り返している。つまり、ウクライナや自由民主主義諸国がいかに停戦を望んでも、ロシアが応じないかぎり停戦にはならないということだ。では、実際にロシアが停戦に応じる可能性はあるのか。

筆者は、その可能性は極めて低いと考えている。なぜなら、ロシアはこのまま戦争すれば、いずれ勝てると確信しており、停戦する理由がないからだ。繰り返しになるが、ロシアは自国の損害を一切顧みておらず、勝てる見込みのある戦争を止める理由は一つもない。

ウクライナがロシアの条件を呑めば、戦争が終わるのではないかと言っている人もいる。だが、これでは戦争は終わらない。

ロシアがウクライナに求めているのは、武装解除と中立化だ。もしウクライナがこの条件を呑めば、現在続いている戦闘はいったん終わるかもしれない。だが、非武装中立国になれば、ウクライナはロシアに対して丸腰になる。次にロシアが侵略してきたら、今度は抵抗するすべもなく、すぐロシアに征服されてしまうだろう。

だから、武装解除と中立化の条件を呑むことは、ウクライナの降伏と国家の消滅を意味している。そして、ロシアはこの条件を呑まなければ停戦に応じないと公言している。だから、ロシアに戦争を続ける意図があることは明らかだ。

また、ロシアにとっては、停戦することによりウクライナを失うリスクがある。停戦したとしてもロシアの脅威は消えないので、ウクライナは全力で防衛力強化と防衛線の構築をするだろう。ロシアから見ると、停戦はウクライナにロシアから自身を守るすべを与えることになる。そうなれば、ウクライナを征服するのは今よりさらに難しくなる。だから、ロシアがウクライナにそのような機会を与えるはずがない。

さらに、停戦になれば、ウクライナがＮＡＴＯに加盟する可能性もある。もしくはＮＡＴＯに加盟しなくても、ＮＡＴＯの核保有国（英米仏）から、個別に防衛の義務が生じる安全保障を受ける可能性もある。このような安全保障をウクライナが受けたが最後、ロシアはこれ以上ウクライナを攻撃できなくなる。

だから、ロシアは少しでもウクライナが安全保障を受ける可能性を増やさないために、これからも戦争を続けるだろう。

ロシアが停戦に応じる二つのパターン

だが、ロシアが停戦に応じる可能性がまったくないわけではない。ある条件下においては、ロシアは停戦に応じる可能性がある。それは次の二つの場合だ。

一つは、ロシアが戦いを続けても、ウクライナを征服するのは不可能であり、そしてこれ以上占領地を拡大する可能性もないと判断した場合である。もし、戦場でこれ以上の戦果はまったく見込めない、むしろ、すでに持っている領土が奪還される可能性が高い、と思った場合、ロシアは停戦に応じるかもしれない。

しかし、ロシアに戦う戦力が残っているかぎり、そう判断する可能性は低い。ロシアが停戦の判断をするのは、戦争に使う財源も、装備も、兵員も足りなくなった時であると思われるが、現時点では、それがいつになるかは不明である。

もう一つは、戦闘を続けるよりも停戦した方がウクライナを征服できると判断した場合だ。もし停戦しても、ウクライナが自由民主主義諸国から安全を保障されないと分析し、その上で支援国からの支援もなくなり、また、ウクライナが防衛力強化に専念するのではなく、溜まりに溜まった内政問題の対応に没頭するだろうと見込んだ場合、ロシアは停戦に応じる可能性がある。

この場合、ロシアの描くシナリオは以下のようなものになる。

まず、停戦によって国際社会の関心はウクライナから離れる。支援はなくなり、ウクライナ経済の復興の兆しはなく、生活インフラも破壊されたまま復興の目処は立たない。この苦しい状態で、ウクライナには防衛力を強化する余裕はなく、ウクライナ人はその日を生きることに精一杯で、安全保障は後回しになる。

一方、ロシアはその間に今回の戦争の失敗を検証し、改善を行う。そして、今度こそウクライナを確実に征服できるように、十分な兵力と成功確率の高い作戦を用意して、最もいいタイミングでもう一度戦争を起こす。

この状況では、もはやウクライナにはロシアの一撃に耐える力はなく、今度こそロシア軍に占領されるだろう。もしくは極貧と戦争のトラウマでウクライナは内部混乱に陥り、ロシアは戦争するまでもなく、簡単にウクライナを制圧できるかもしれない。

このように、ロシアが停戦に応じるのは、ウクライナを征服できない場合か、停戦した方が征服しやすい場合の二つしかない。

気をつけなければならないのは、ロシアは停戦を打診するふり、もしくは停戦に応じるふりをすることがあり得るということだ。

例えば、停戦の話をすることによって、自由民主主義諸国の武器支援の妨害をするというやり方がある。自由民主主義諸国の中には、ウクライナ支援に否定的な国や勢力もある。このような人たちが、「プーチンは停戦したいと考えている。もし、ウクライナに武器を送り続ければ、停戦の機会を失うから、武器提供をやめよう」というプロパガンダを流しやすくなる。このプロパガンダに騙される人の数が増えて影響力を持てば、武器提供が本当に縮小される恐れもある。だから、情報戦の一環でプーチンが停戦の話を持ち出すことはあり得る。

また、いったん停戦したふりをして、ウクライナ軍が油断した隙に攻撃を再開するという単純な作戦もあり得る。

いずれにしても、ロシアが停戦の話を始める時には、その意図を見抜いてロシアの戦略に備えなければならない。

以上のようなことから、「ウクライナが停戦に応じないから戦争が続いている」、あるいは「自由民主主義諸国はウクライナに停戦させるべきだ」という主張は完全に有害で、現実をまったく踏まえていない。

また、「ウクライナは停戦すべきかどうか」という議論も意味がない。ウクライナは停戦したくても、したくなくても、ロシアが停戦の判断をしないかぎり戦争は続く。ウクライナが停戦すべきかどうかという議論を今する意味はない。ロシアがその気を示してからすべきであろう。

もしロシアが停戦に応じたらウクライナはどうすべきか

今まで述べてきたように、ロシアが停戦に応じる可能性は、二つの状況を除いてあり得ないが、仮定の話として、もしロシアが停戦に応じたとすれば、その場合、ウクライナは応じるべきだろうか。

まず、もしロシアが停戦に応じることがあれば、おそらく自由民主主義諸国は、ウクライナにも停戦に応じるように圧力をかけるだろう。自由民主主義諸国は、国際法や正義が守られることよりも、目の前の殺し合いが止まることを優先する傾向があるからだ。

これに対して、ウクライナはどう応じるべきか。

筆者の個人的な意見を述べると、もし将来、ロシアが停戦に応じることがあれば、それを受け入れるかどうかは戦況次第にすべきだと考える。

もしその時点でウクライナ軍が優勢で、占領されているウクライナ領土の奪還ができる見込みがあれば、停戦を受け入れずに、奪還まで戦うべきだ。

逆に、もしその時点で戦局が膠着状態に陥り、もしくはロシア軍優勢の状態が続き、戦闘を続けても領土奪還する可能性が低い場合、停戦を受け入れた方がいいかもしれない。ただし、停戦に応じる場合でも、領土奪還自体を諦めるべきではない。つまり、仮に停戦が成立したとしても、ウクライナがロシアに占領されている領土を諦めるような姿勢を取ってはいけない。あくまで、現時点で停戦しただけで、領土自体は将来必ず奪還する、もしくは、ロシアに返還させるということしっかり表明しなければならない。占領状態は一時的なものであり、その領土は将来必ずウクライナに戻るという事実をしっかり主張しなければ、停戦した後、国際社会において、なし崩し的に占領地はロシアの領土だという誤解が広まるだろう。

また、停戦後、ウクライナが十分な力を手に入れ、ロシア軍より強い装備や兵力を用意できた場合は、停戦を撤回して、奪還作戦を実施すべきである。

なぜなら、占領が長くなると、民族浄化が進み、その地域からウクライナ人がいなくなり、ロシア人しか住まなくなるからだ。北方領土を見ればわかるであろう。

占領地に住んでいるウクライナ人が絶滅させられる、あるいは故郷から追放される前に、地域住民を救うためにもチャンスがあったら奪還すべきだ。

もちろん、これはあくまで十分な兵力を用意できる場合の話であり、勝てる保障がない場合は、リスクの高い作戦を行うべきではない。

以上のように、ロシアは自身の勝利を確信し、戦争の長期化を狙っているため、停戦に応じるつもりはない。この事実を無視して、ウクライナにだけ停戦を求めるような議論は、ロシアの侵略への加担にすぎない。現実的な停戦は、ロシアの戦争継続能力が落ちてはじめて可能になる。それまで、有害な停戦論を封じるべきだ。

停戦論を主張する日本の著名人

日本でも停戦論を主張する著名人がいる。

その代表格は国会議員の鈴木宗男だ。まず、彼は、「ウクライナはミンスク合意を破った」という嘘を利用して、ロシアによる全面侵略を弁明している。

そもそも、ミンスク合意は2014年に起きたロシアによるウクライナ侵略の結果である。ロシアはウクライナ南部のクリミア半島を占領した後、ウクライナ東部にも侵攻して一部の地域を占領した。ロシアの圧倒的な軍事力の前に、ウクライナは侵略を撃退する力がなく、やむを得ずミンスク合意に応じた。

つまり、ミンスク合意とは、ロシアが軍事力でウクライナに押しつけたものであって、ウクライナが自分の意思で望んだ合意ではない。もちろん、ウクライナはその合意に署名した以上、履行する義務は生じるが、本来これは武力で脅されて無理矢理結ばされた合意であるということを念頭に置くべきであろう。

だが、ロシアは自分で結んだミンスク合意を破った。簡単にまとめると、ミンスク合意の内容は以下の通りである。

まずウクライナ東部の戦闘地域で停戦が行われる。次にウクライナ東部から外国軍がすべて撤退する。その次に、ウクライナは、合意が結ばれた時点でロシア軍が占領した地域に対して、特別行政を実施し、その地域で地方選挙が行われる。そして、地方選挙で選ばれた地域住民の代表が特別行政の権限で地方政治を行う。

ウクライナはミンスク合意を履行した。憲法改正を行い、指定の地域における特別行政を明記した。そして、ロシア軍の撤退後、地方選挙を実施するつもりだった。しかし、ロシアは締結（2015年2月）から破棄（2022年2月）までの間の7年間、ずっとミンスク合意を破り続けた。合意で明記されている停戦を実施せず、ロシア軍は7年間ウクライナを攻撃し続け、ほぼ毎日死者が出ている状態であった。当然、ロシア軍は最初から撤退するつもりはなかったのだ。

最終的に、ロシアは2022年2月に、自身の傀儡であるいわゆる「ドネツク人民共和国」と「ルガンスク人民共和国」を国家承認することによってミンスク合意を破棄した。つまり、ロシアは自分がウクライナに押しつけた合意を、自分で7年間破り続けた上で、自分で破棄したのだ。だから、「ウクライナがミンスク合意を守らないからロシアは侵攻した」というのは嘘なのである。

その上で、鈴木は「一にも二にも停戦」という決まり文句を繰り返し述べている。しかし、鈴木はこの停戦の呼びかけをロシアにではなく、ウクライナに対して行っている。鈴木は、ウクライナが停戦を望んだら停戦が実現できるかのような言い方をしている。一方、彼はロシアに対して停戦を呼びかけない。ロシアはすでに停戦する用意があると言っているのだ。

しかし、現実はそうではない。ロシアは停戦するつもりはまったくない。ロシアは継戦能力がある限り、停戦に応じない。一時休戦に応じることがあり得るかもしれないが、それはロシアが次の攻撃の準備ができたら、すぐ破られるのだ。和平交渉を行うための停戦をロシアがするわけがない。

一方、もし仮にウクライナが戦闘行為をやめれば、ロシア軍は直ちに攻勢を行い、無抵抗のウクライナ軍を破壊し、ウクライナ国土を占領する。

つまり、鈴木は遠回しにウクライナ人に対して、「抵抗されるとロシアが困るのでおとなしく殺されろ」と言っているに等しい。攻撃してきた側ではなく、攻撃を受けて仕方なく応戦している側に停戦を呼びかけるのは、典型的な侵略者を弁明するプロパガンダである。

鈴木は長年、日本の国会議員を務め、影響力が強い。このような人物を許容する日本の政界は明らかに問題がある。

また、こうしたロシアの侵略を弁明する国会議員は、他にもいる。自民党の西田昌司、立憲民主党の原口一博、参政党は、反米陰謀論を主張しロシアの侵略を弁明している。

このように自由や民主主義の価値観から明らかに逸脱している言動を許容し、暴言を不問にする日本の政界は、その姿勢を見直すべきである。

第3節　ウクライナ人の奮闘の根源

ウクライナ人は元来平和で穏やかな民族

ウクライナ人は元来、極めて平和的で穏やかな民族である。ウクライナ人は争いを好まず、問題を平和的に解決できるものなら平和的に解決したいという考え方だ。また、ウクライナ人は自己主張をあまりせず、かなり引っ込み思案の国民性だ。自分から強く主張しないどころか、相手から強く主張されると、その勢いに押されることもある。そして、仮に理不尽な要求をされた場合でも、もし受け入れた方が争いを避けられるなら、ウクライナ人は譲って、理不尽な要求を受け入れる。

国民同士でもこの傾向があるが、最も著しいのは、国の姿勢、民族の姿勢だ。ウクライナの歴史を振り返れば、これほど平和的な民族はいないと思うほどだ。ウクライナ民族は、古代ルーシ（西暦9～13世紀）時代を除いて、領土、権益拡大のために他国や他民族を攻めたことがない。これは歴史的に侵略しかしてこなかったロシア民族とは対照的だ。ウクライナ民族が戦ったすべての戦いは、他国、他民族の侵略者から自分たちを守る、もしくは同胞を解放するためのものだった。

「ロシアに対する遠慮」がウクライナ外交の基本

1991年に旧ソ連から独立したウクライナは、明確な平和国家路線を取った。この路線はウクライナ人の国民性に合っていた。

独立した時、ウクライナは世界第3位の核兵力を持っていた。だが、ウクライナはそれをすべて放棄し、非核国になった。なぜなら、独立宣言の約1年前、1990年の「ウクライナ主権宣言」という公式文書で、ウクライナは日本を見習って、非核三原則を表明したからである。

さらにウクライナは、通常兵器も大幅に縮小し、ほとんど無防備になった。ウクライナはどことも戦うつもりがなかったからだ。同時に、ウクライナが丸腰で誰にとっても脅威にならなければ、誰もウクライナを攻めてこないだろうという、どこかでナイーヴな考えも持っていた。

軍事だけではなく、外交姿勢においても、ウクライナは平和国家の路線を取った。ウクライナはどことも対立せず、すべての国と友好関係を持つ努力をした。国境策定、海域の境について、隣国との意見の違いが生じた場合、交渉で解決するか、国際司法裁判所に判断を委ね、強行的な行動は一切なかった。

ウクライナは独立してからも、ロシアから理不尽な要求をされ続けてきた。旧ソ連の財産分与はロシアに有利な条件で行われた。ウクライナの内政問題、外交方針にも常に干渉してきた。だが、争いを好まないウクライナはロシアの要求に従ってきた。

「ロシアは大国としてのプライドがあるので、ウクライナはそれを尊重して、ロシアに配慮しなければならない」というのが当時のウクライナの多数派の政治家の認識だった。ロシアに対する配慮は、ウクライナの外交や内政の基本中の基本であり、ロシアに刃向かうなど、もってのほかだった。「ウクライナはロシアとは別の国だから、外交においてロシアに配慮する必要はない」と主張する人たちは、過激派やナショナリストと呼ばれた。

２００４年と２０１３年に、ウクライナでは腐敗と強権政治に対する反政府デモが起きた。

だが、どちらも反ロシアではなかった。デモの指導者は、「我々の運動は決して反ロシアではない」ということを特に強調していた。

だから、2014年にロシアがウクライナに侵略して、クリミアと東部の2州の一部を占領した時、多くのウクライナ人は非常に驚き、どうしたらいいかわからなかった。ロシアがウクライナを征服したいという意図が明らかになったにもかかわらず、それでもウクライナ人は、なんとかこの対立を平和的に解決しようとした。

ウクライナにはロシアによって不法に占領された地域を力で奪還する権利があった。しかし、ウクライナ人はいくら無法な侵略を受けても、それでもなんとか問題を平和的に解決しようとする、究極に平和を好む民族である。殴られても殴り返さないで、話し合いで解決しようとする思考が強いのだ。

このようにウクライナはどことも争わず、ただ単に自分の土地で平和的に暮らしたかっただけだった。理不尽な要求まで呑んで、侵略した時でさえ平和的に解決しようとするほど、平和を好む民族だった。

譲歩し続けても全面侵略されたウクライナ

それにもかかわらず、ロシアは2022年2月24日、ウクライナへ全面侵攻した。自分の土地で普通に暮らしたいだけなのに、ある日突然、侵略者がやって来て、すべてを蹂躙したのだ。人の思いも希望も、大切にしている人も物も、何もかも全部破壊されたのだ。

これまであれだけ譲歩し続けたのに、それでも侵略されたウクライナ人は究極の理不尽さを感じた。これだけ譲歩してもなお攻撃されるとなると、さすがに許せない。この、今までの譲歩や我慢がすべて無駄になったことに対する怒りも、ウクライナ人の戦う原動力になった。

全面戦争が始まり、怒りが爆発したウクライナ人は全力で戦うことにした、開戦初期は、それでもまだロシアとの和平は可能ではないかと思っていた人もそれなりにいた。

しかし、2022年4月にロシア軍がキーウ州北部から撤退した後、ブチャの虐殺が発覚した。一般市民が無差別に計画的に殺されていたのだ。これを見たウクライナ人は、ロシアに降伏すれば、ウクライナ全体でブチャと同じことが起きるとようやく理解した。降伏は死を意味する。だから戦うしか選択肢がないことに気づいたのである。

同じ状況に置かれれば、きっとどの民族も戦うだろうと筆者は思う。ウクライナ人が特別勇敢なのではなく、ウクライナ人が受けたような理不尽な侵略をされたら、多分どの民族も怒りが爆発して、侵略者撲滅のために全力を尽くすだろう。

これから大事なのは、この戦争を最後の戦争にして、もうこれ以上ウクライナ人が経験したような悲劇を、どの民族も味わうことがないようにしなければならないということだ。

第4節　戦争を終わらせるために国際社会は何をすべきか

国際社会によるさまざまな支援

全面戦争が始まってから、国際社会はウクライナに対して多面的な支援を行っている。人道支援、経済支援、軍事支援などだ。この支援がなければ、ウクライナはロシアに敗北した可能性が高い。国土面積や人口、そして天然資源の埋蔵量など、ウクライナよりはるかに大きいロシアとの1対1の戦いだったら、やはり物量でウクライナは圧倒されただろう。

ウクライナに対して、多くの国が人道支援をしてくれている。自由民主主義諸国は、ウクライナからの多くの避難者を受け入れてくれた。ウクライナ人のために住まいが用意され、生活費も支給されている。

ウクライナ国内に対しても国際社会からさまざまな人道支援が行われており、支援物資などが送られている。この支援のおかげで多くのウクライナ人は助けられている。

また、多くの経済支援も行われている。全面戦争のため、ウクライナの国内経済は破壊されており、ウクライナは自力で国民の生活を維持できない。そこを各国からの経済支援がサポートしてくれている。このおかげで、ウクライナ経済が完全に破綻せずに、国民生活が維持されている。これも極めて重要だ。国民生活の維持と戦闘継続能力は直結している。もし経済が破綻し、国民生活が崩壊すれば、それは間違いなく軍の戦闘力に影響するからだ。

そして最も重要なのは、軍事支援だ。独自の武器産業を持っているロシアに対して、ウクライナはすべての種類の武器を国内で製造できない。また、軍事産業施設はロシアのミサイルのターゲットになるので、戦争中に国内で大規模な武器製造体制を整えることは不可能だ。だから、自由民主主義諸国による武器支援は、この戦争の最も重要なポイントだ。武器支援がなければ、ウクライナの敗北と占領、そして、ウクライナ人の絶滅は時間の問題になる。

ウクライナは国際社会から受けている支援に対して、常に感謝しており、この恩を忘れることはない。苦しい時にできた絆は、平和を取り戻した後でも2国間、多国間の友好関係の礎になるだろう。

一方で、自由民主主義諸国の首脳はたまに、「必要なだけウクライナを支援する」という表現を使う。ウクライナが支援を必要としている間は、ずっと支援し続けるという意味だ。これはウクライナにとってありがたいことではあるが、この「必要なだけ支援する」という表現は、「戦争は長期化するだろう」ということを前提としている。

この戦争を早く終わらせるために、ウクライナ人がやるべきことは決まっている。気を引き締めて、効率のいい作戦を練って、全力で戦う。これしかない。しかし、ウクライナ人だけの力でこの戦争を終わらせることはできない。

戦争を終わらせるために国際社会ができること

以下、この戦争を終わらせるために、国際社会は何をすべきか、ということについて考えたい。国際社会がこの戦争を終わらせる方法とは、主に二つある。

一つは、戦争の終結を待たずにウクライナに対して安全保障を行うことである。戦争中の国に対して安全保障を行うことは、戦争に参加することになるという意見もある。だが、筆者はそう思っていない。そもそも、ロシアもウクライナもお互いに対して宣戦布告をしていないので、正式な戦争が宣言されていない。安全保障した国が戦争に巻き込まれることはない。

具体的には、戦争が行われていないウクライナの地域に対して、NATOの核保有国（英米仏）が安全保障をすることである。今、ウクライナで地上戦は東南部の7州で行われている。残りの18州には、空からの攻撃が来るが地上戦は行われていない。だから、英米仏は、この

18州に対して、安全を保障すればいい。つまり、もしロシアがこの18州を攻撃すれば、NATOと同じやり方で英米仏はその領土を軍事力で守るという仕組みにすることだ。そして、ウクライナ軍が領土の解放を進めるにつれて、安全保障を新しく解放された州にも広めていくのである。

この方法だと、ウクライナの後方は絶対安全地帯になる。空からの攻撃の恐れがなくなれば、国民は通常通りの生活に戻り、避難してきたウクライナ人も国に戻りやすくなる。この場合、経済活動は再開し、復興事業を戦争終結を待たずに行える。経済復興は軍の戦闘力強化にもつながる。だから、地上戦が行われていない地域に対する安全保障は、ロシアのウクライナ人の絶滅とウクライナを焼け野原にする戦略をその時点で挫折させることになる。

何よりウクライナ軍は、絶対に叩かれない後方を手に入れることになる。そうなれば、武器庫や訓練所などの軍事施設を安全な地域に集中し、前線には実戦部隊のみを置くことができる。そうなれば、ウクライナ軍の人的損害も、武器弾薬の損失も縮小できる。今は地上戦での被害以外にも、ロシアの遠距離攻撃からも被害を受けているので、それがなくなるだけで、かなり戦いやすくなる。

さらに、現在、ウクライナとベラルーシの国境と、激しい戦闘が行われていないロシアとウクライナの国境の警備に当てている兵力が要らなくなるので、戦えるすべての兵力を前線に集中することができる。また、現在全国の重要施設を守っているウクライナの防空装備も、すべて前線に集中することができるようになる。

このように、絶対に安全な後方ができあがれば、ウクライナは現在占領されている地域からロシア軍を排除することに全勢力を集中できるようになる。この状態になれば、ロシアはこれ以上ウクライナで占領地拡大を見込めないと判断して、停戦に応じる可能性も出てくるかもしれない。いずれにせよ、自由民主主義諸国による地上戦の行われていない地域に対する安全保障は、戦争の終結につながるのである。

一方で、この場合、ロシアと安全保障をした国が戦争になるのではないかという懸念があると思うが、それはロシアの行動パターンを知らない人の杞憂である。

ロシアは、「NATOとの戦争も辞さない」と言っているが、実際はNATO、もっと言えばアメリカとの戦争を最も恐れている。なぜなら、NATO、もしくはアメリカ単独だけでも戦争になれば、ロシアは100%負けるということを知っているからだ。実際に米露戦争になった場合、ロシア軍は1か月以内に壊滅され、まったく勝負にならない。

ロシアは何があってもNATOとは直接軍事衝突を絶対にしない。だから、NATO加盟国への軍事攻撃はしない。

もし、先述したアメリカらによるウクライナへの安全保障が実施された場合、ロシアは試しにそのウクライナの地域に対してミサイルやドローン攻撃を行うかもしれない。だが、当然、それは米軍に撃墜され、さらに米軍は発射基地に報復攻撃を行うかもしれない。

では、これによって米露戦争になるか。アメリカは報復攻撃で力を示せば十分であり、ロシアもアメリカが本気だと理解するので、これ以上、ウクライナの安全保障地域に対して攻撃を加えないだろう。

単純な力の論理で動いているロシアは、自身より強い相手から力を示されたら、必ず怯む。本能的に自身より強い相手を恐れているからだ。

もちろん、このやり方には前例がなく、もし実行すれば前代未聞のことになるため、自由民主主義諸国の首脳には、前例のない事態に対応する能力と、決断する度胸が求められる。だが、実行できれば、戦争を早期に終結できる可能性が高まる。

自由民主主義諸国がこの方法を実行できない唯一の理由は、何の根拠もない「恐れ」だろう。自由民主主義諸国は、「ロシアとの戦争になる」という絶対にあり得ない展開を恐れている。それが、ウクライナに対する武器支援の逐次投入や遅延、使用制限につながり、戦争を長引かせている。

ウクライナにさえ勝てないロシアが、NATOと事を構える勇気などあるわけがない。ただし、もしロシアがウクライナに勝つことができれば、その時こそロシアとNATOの戦争の可能性が高まる。

残念ながら、自由民主主義諸国のロシアとの戦争への恐れは強く、先述したような安全保障が実施される可能性は低い。

だから、もう一つの戦争を終わらせる現実的な方法を提案したい。

ウクライナへ勝利に必要な武器の支援を

二つ目の方法とは、ウクライナの勝利に必要なすべての武器を自由民主主義諸国から提供してもらうことである。自由民主主義諸国は、ウクライナが勝つために必要な武器をすべて持っている。それらはロシア製の武器より優れている。だから、武器を十分提供してくれれば、ウクライナ軍はロシア軍を国内から排除できる。

だが、残念ながら自由民主主義諸国からの武器提供は、十分なレベルには達していない。ウクライナに武器を十分に提供しない理由はさまざまだが、大まかに次の三つのパターンに分けることができる。

一つ目は、この期に及んで、いまだにロシアに遠慮しているからである。この戦争が終わった後も、ロシアとは付き合わなければならない。ここでロシアを負かしすぎると、関係は修復不能なレベルまで悪化し、ロシアとの付き合い方が難しくなるという考え方だ。自由民主主義諸国の中にある、ロシアに対する根拠のない憧れや宥和的な考え方がそのような未来予測を生んでいるのだろうが、言い換えれば、これは「お花畑思考」や「平和ボケ」であろう。

二つ目のパターンは、ロシアによるウクライナ侵略は自国に関係がないから、ウクライナを支援することより、自国の問題を優先すべきだという考え方である。だが、この現状認識は誤りである。この戦争の結果は、世界全体に大きな影響を与える。ロシアの勝利は自由民主主義諸国を含む多くの国にとって脅威となるだろう。だから、ウクライナを支援することは慈善事業ではなく、自国の安全保障に対する投資なのである。

そして、三つ目はいわゆる「エスカレーション」の恐れだ。もしウクライナに大規模な支援を行えば、ロシアは刺激され、戦争のエスカレーションが起きるという懸念である。

大規模支援で戦争はエスカレーションするか

いわゆるエスカレーションのパターンは二つ考えられる。

一つは、ロシアがウクライナに対して、これまで以上に残虐な、もしくはこれまでよりさらに強力な攻撃を与える可能性である。だが、この懸念はまったく根拠がない。そもそも、この戦争において、すでにロシアはできる手段をすべて使っている。ロシアができる最大限に残虐な、最大限に強い攻撃は行われている。これ以上のことはできない。核兵器については後述する。

もう一つは、ロシアがウクライナ以外の国を攻撃するという恐れだ。これもまったく根拠がなく、論理的に破綻している。ロシアはすでにウクライナで精一杯で、他の国も攻撃する余裕などない。そして、もし自由民主主義諸国がウクライナに強力な武器を与えれば、ロシアはさらに苦戦し、ウクライナ以外の国を攻撃する余裕はさらになくなる。

だから、自由民主主義諸国がウクライナに必要な武器をすべて与えれば、ロシアはウクライナへの攻撃を激化させる、もしくは他の国も攻撃し、戦争がエスカレートするという話はあり得ない。

むしろ、ロシアが戦争に優勢な時にエスカレーションは起きるだろう。ロシアに自信がつき、戦争の拡大をする野望が生まれるからだ。

ロシアは核兵器を使用するか

さらに、ロシアは負けすぎると正気を失って核兵器を使うのではないか、という懸念もある。だが、これも杞憂だ。

ロシアの指導層は、いくら歪んだ世界観を持っていても、自分の命が大事だ。彼らはたしかに自国民の命を何とも思わないが、ロシアの敗北は恐れている。敗北につながるようなことは絶対にしない。そして、核兵器使用は勝利につながらない。すでにNATOは、ロシアが核兵器を使用した場合、この戦争に介入すると表明している。

ロシアは戦況が不利になったら核兵器を使用するかもしれないと考えられているが、1回の核攻撃では戦局は逆転できない。だが、戦局が好転するまで核攻撃を続けることはできない。その前にNATOは戦争に介入するからだ。そして先述したように、ロシアとNATOが戦争になれば、ロシアは短期間で壊滅される。だから、ロシアはNATOによる介入を招くような行動を絶対しない。つまり、核兵器は絶対に使わない。

では、ロシアが「どうせ負けるから、せめて敵になるべく大きな打撃を与えよう」と正気を失って核攻撃を行う恐れはないだろうか。筆者は、ないと断言できる。なぜならロシアは「どうせ負けるなら自滅して敵を道連れにしよう」とは考えないからだ。

自由民主主義諸国から強力な武器をもらったウクライナに負けることと、NATOとの戦争に負けることとは、まったくレベルが違う。

ウクライナに負けてもロシア国内は無事である。そして、プーチン体制が崩壊する可能性もない。いくらウクライナが強力な武器を手に入れたからといって、ロシア国内を壊滅させ、プーチン体制を転覆させる力はウクライナにはない。

しかし、NATOと戦争になり、圧倒的な力の差で負ければ、ロシア国内が無事で済むとはかぎらない。ロシア軍やロシア国内産業が壊滅的打撃を被る可能性もある。そして、プーチン体制崩壊の可能性が高くなる。

だから、体制維持が最優先のプーチンが、体制崩壊につながるようなＮＡＴＯ介入を誘発する核攻撃はしない。

そして、２０２４年8月のウクライナ軍によるロシア・クルスク州への越境攻撃によって、エスカレーション論は誤りだったことが実証された。ロシア領土へ地上攻撃が行われ、ロシア領土が占領され、ロシアの町にウクライナ国旗が掲げられ、ロシア国民の一部をウクライナは手中に収めた。だが、恐れられたロシアのエスカレーションは起きなかった。

自国の領土が占領されてもロシアは核兵器を使っていない。であれば、仮にウクライナ全土が解放された場合も、ロシアは核兵器を使わないだろう。モスクワを地上軍で攻めたらさすがに使うかもしれないが、そもそもウクライナにモスクワを攻める意図も国力もない。

これまで自由民主主義諸国は、ロシアを刺激しすぎるとエスカレーションが起きるという理由で、ウクライナが必要とする武器の種類の多くを提供せず、提供する場合でも数を少なくして、その上でロシア国内への攻撃を部分的にしか認めなかった。

だが、エスカレーションは起こらないことが実証された今、もはやウクライナに強力な武器を提供しない論理的な理由は一つもない。

自由民主主義諸国が、先述した戦争中のウクライナに対する安全保障をすることが難しいのであれば、ウクライナの勝利に必要な武器を提供してほしい。そして、ロシア国内への攻撃の制限を完全になくしてほしい。

そうすれば自由民主主義諸国は、ウクライナ支援の必要性がなくなる状態を早く作ることができるのである。

第7章

ロシア崩壊による世界平和の実現

ロシアの蛮行をきちんと裁く

これまで述べてきたように、自由民主主義諸国は、すでに100年以上ロシアを支援し続け、大切に育ててきた。ロシアにとどめを刺すチャンスが訪れても見て見ぬふりをして見逃してきた。その結果、ロシアは毎回戦争を起こし、今では世界の脅威となっている。

自由民主主義諸国は、ロシアに対する姿勢だけでなく、ロシアに対する認識も根本的に変えなければならない。

今では多くの専門家や政治家がロシアを批判するようになったが、その理由は現在のロシアによるウクライナ侵略についてである。ロシアは国連憲章に違反した、ロシアは国際法を破ったという理由で批判している。

だが、こうしたロシア批判は、事の重大さをまったく表していない。生温すぎる。ロシアが国連憲章や国際法を破ったことは紛れもない事実だが、残念ながらそれらはこの世の中ではよく起きていることだ。ただの国連憲章違反ということであれば、違反状態さえなくなれば、つまり停戦さえ実現すれば、それで十分だと思っているのだろうか。

ロシアは、独立国家を壊滅させて特定の民族の根絶を狙いジェノサイドを起こしているのである。侵略戦争による国家の壊滅、そしてジェノサイドは世界の歴史上、最大最悪の犯罪である。ロシアによるウクライナ侵略を論じる時には、ただの国連憲章違反などではなく、罪の重さに相応しい表現を使わなければならない。

また、政治家や専門家は現在の戦争だけを問題視し、これまでのロシアの蛮行についてはまったく言及していない。端的に表すと、多くの人は「ロシアが今回の戦争を起こしたから悪い」と思っている。しかし、実際は「ロシアは元々悪いから、今回の戦争を起こした」のである。ロシアはいきなり悪い国になって、今回の戦争を起こしたのではない。ロシアは元々、戦争を起こす悪い国だから、今回「も」戦争を起こしたのだ。ロシアはその性質上、必ず戦争を起こす国なのである。

従って、ロシアが起こした戦争について論じる時に、もちろん今の戦争に焦点を当てるべきだが、ある程度、背景説明をしなければならない。ロシアは今まで何度も戦争を起こし、これからも何度も戦争を起こすという、ロシアの性質上の問題を明確にしないと、日本の一般の国民はこの問題にどう対応すればいいのか、理解できないだろう。

ジェノサイドについても、説明が必要だ。ロシアはウクライナ民族の絶滅を目指したジェノサイドを行っている。しかし、なぜか専門家たちはこれについて説明しない。また、何のためにジェノサイドを起こしているかについても分析がない。ロシアは、ウクライナ国内からウクライナ人がいなくなり、ウクライナの土地にロシア人を住まわせるためにジェノサイドを起こしている。征服した土地にロシア人しか住まない状況を作れば、仮にロシアが将来弱くなったとしても、その土地はロシアの支配下に残るからだ。

もちろん、ジェノサイドを起こせば、ロシアは非難を受ける。しかし、残念ながら被害の当事者を除き、ジェノサイドの記憶は時が経てば人々から薄れてしまう。そして、「この土地にロシア人が住んでいる」という既成事実だけが残る。そうなれば、「この土地はロシア人が住んでいるのでロシアに統治されても仕方ない」という世論が出てくる。土地の人口構成はジェノサイドの結果だったという経緯は忘れられる。

実際に、ロシアは歴史上、それを何度も繰り返してきた。その結果、あれほど巨大な領土を手に入れたのだ。「征服→ジェノサイド→ロシア化」という方式は、ロシアの戦略の基本だ。

このようなロシアの戦略について、メディアも政治家も専門家も説明しないため、日本の一般の国民はロシアがいかに危険か理解していない。「ロシアは侵略戦争を起こした」「ロシアは民間人を攻撃している残酷な国だ」というレベルの話ではない。ロシアはこれらをはるかに超えている野蛮で危険な存在だ。これを理解しないと、ロシアとどう向き合うべきかということも理解できない。

ウクライナに国際法を遵守させようとする偽善

そうしたウクライナ人のジェノサイドを行っている国際法完全無視のロシアから必死で国

と国民を守っているウクライナに対して、なぜか、国際社会や専門家は細かいところまで国際法の規定の遵守を求める。一部の専門家は、ウクライナの戦い方についていちゃもんをつけている。一人でもロシアの民間人が死ぬような作戦をウクライナ軍がすると、ウクライナを批判するのだ。それはおかしい。

最初から民間人の殺害を狙うなら別だが、ウクライナの目標はあくまでもロシア軍事施設や軍事に利用されるような産業、インフラの破壊、または侵略戦争に関わった人物の殺害だ。これは完全に正当な目標だ。作戦を実施した結果、民間人も巻き込まれて死亡したとしても、ウクライナが批判される理由にはならない。

軍事関連施設などを狙って結果的に民間人も死亡した場合、その責任は侵略戦争を起こした側に問われなければならない。同じく、仮に将来、ウクライナが新たにロシア領内で地上作戦を実施することを決めた場合、それを批判してはいけない。侵略されている被害者が侵略者に対する地上作戦を行うのは当然の権利だ。

そもそもロシアに対してすべての国際法を守らなければならないという理屈自体がおかしい。ロシアは国際法どころか、人間としての最低限の常識や倫理さえも踏みにじっている「ならず者」なのだ。

一般社会では、凶悪犯罪を犯した者に対して、しかるべき措置が取られる。起訴され、裁判で有罪が確定すれば、財産の没収、長期懲役、場合によっては死刑だ。

だが、現在の国際社会においては、超凶暴な侵略国家がルールを踏みにじり、最大最悪な犯罪を犯した場合、誰も処罰できない。国連にはそのような力はなく、アメリカはもはや「世界の警察」ではない。

だから国際社会は、ルールを常習的に破っている侵略国家に対する姿勢を見直さなければならない。武力行使、内政干渉、内部攪乱を起こすことを禁止している国際法の規定は、性善説で作られているため、遵法国家に対してしか通用しない。これらを自分の都合のいいように悪用する常習的な侵略国家が存在することを踏まえて、国際法の運用方針は見直されなければならない。

今度こそロシアにとどめを刺すべき

それでは、ロシアの国家としての凶悪な性質を理解し、国際法の運用方針を見直した上で、ロシアに対して何をすべきか。

端的に言うと、「とどめを刺すべき」だ。自由民主主義諸国が目指すべきことは、今回の戦争におけるウクライナの勝利だけではない。ウクライナの勝利はあくまで第一段階だ。その勢いでプーチンを中心とするロシアの独裁体制を打倒するだけでは足りない。目指すべきことは、ロシアの徹底的な弱体化、そして崩壊、解体である。

今回の戦争でロシアに勝った後でも圧力を弱めてはいけない。そして、ロシアに対する要求を占領地の放棄、賠償責任、戦争犯罪者の身柄引き渡しにとどめてはいけない。非核化、武装解除、ロシア連邦各地域に「離脱する権利」を認めることを要求しなければならない。それらの要求に応じなければ、ロシアを崩壊、解体に追い詰めなければならない。

ロシアの国営プロパガンダは、自由民主主義諸国がロシアを崩壊させようとしていると言っている。当然これは嘘だ。自由民主主義諸国は平和主義だから、まったくそのようなことを目指していない。だが、ロシアに対しては心を鬼にすべきだ。なぜなら、ロシアを徹底的に弱体化させないと、戦争がまた起きるからだ。

繰り返しになるが、国家を攪乱し、崩壊を狙うのは基本的によくない発想だが、これをロシアのような邪悪な国に対して行うのは正しい。戦争の再発防止という観点から、ロシアの解体は不可欠だ。仮に今回の戦争でロシアが負けたとしても、本国が無事なら、ロシアは今までそうであったように、力を回復して、しばらく時間が経ってからまた戦争を起こす。

だから、ロシアを超優遇した１９９０年代の過ちを繰り返さず、今度こそロシアにとどめを刺すべきだ。

ロシアの崩壊による四つの懸念

ロシアの崩壊は、国際社会に平和をもたらす。国際社会には、ロシアが崩壊するように、最大限の努力をしてほしい。

だが、国際社会の圧倒多数はロシアの崩壊に反対している。それはなぜか。ロシア崩壊の反対として挙げられている代表的な主張を検証してみたい。

①核兵器の拡散

ロシア崩壊の可能性に関する議論で、核兵器の拡散の問題が必ず出てくる。つまり、現在ロシアの核兵器はロシア政府によって管理されているが、もしロシアが崩壊すれば、複数の勢力がそれぞれ核兵器を保有することになる。または崩壊に伴う混乱でテロリストや過激な組織が一部の核兵器を手に入れるといった懸念もある。

しかし、根拠のない恐怖に陥らず、冷静に状況を分析すれば、懸念された事態が起きないことがわかる。

まず、ロシアの崩壊によって独立する新しい国は、核兵器を保有する能力も意図もないだろう。新独立国は自分の意思で非核化のプロセスを進めるだろう。なぜなら、独立して間もない諸国にとって、国際社会による支援や協力は不可欠なものになる。当然、国際社会からの協力の第一条件は、非核化となるだろう。だから、新独立国が核兵器を維持しようとすることはあり得ない。

混乱に乗じて、テロリストなどの武装集団が核兵器を手に入れるという懸念もあるのだが、これも国際社会さえ完全に放置しなければ起きない。ロシアが国家として崩壊し、核施設管理の問題になれば、国際社会がそれを管理すればいい。有志国で部隊を編成し、ロシアの核施設を、核兵器の処分が完了されるまで警備すれば、テロリストなどの侵入を防げる。自由民主主義諸国の国力、軍事力を考えれば、ロシアの核施設の警備を行うのは十分可能だ。

そもそも、核拡散や核兵器がテロリストの手に陥るという理由でロシアの崩壊に反対しているのは論理的におかしい。ロシアが核保有国である時点で、すでにロシア連邦の巨大な土地に核兵器は拡散されている。また、ロシアは日常的にテロ攻撃を繰り返しているので、ロシア自体をテロ集団と呼んでも差し支えはない。だから、すでに世界最大のテロ集団が世界最大の核兵器を持っているという、最悪な状況が現在なのである。

だから一番恐ろしいのは、ロシアがそのまま今後も核兵器を持ち続けることだ。ロシア政府は全世界を核兵器で脅しており、いつ本当に核攻撃に踏み切るかもわからない。ロシア政府は時間が経つとともに過激になっていくので、どこかの段階で核兵器使用も辞さない考え方に辿り着く恐れがある。さらに、ロシア政府は、仲間の独裁国家に核技術を共有する可能性もあるので、ロシアの支援で核保有国が増えることもあり得る。

だが、もしロシアが崩壊すれば、旧ロシア連邦の地域の非核化が実施され、全世界で存在する核兵器の数は半減する。だから、核拡散防止、核軍縮、非核化を目指す人こそがロシアの崩壊を全面的に支持しなければならないのである。

②新たな独立国家同士の紛争

次によく言われる懸念とは、新しく独立した国同士の紛争である。

まず大前提として言わなければならないのは、仮にそうなったとしても、今の状況よりははるかにいい。ロシアが統一した国として存在するかぎり、必ずまた戦争を起こす。これはロシアの性質上の問題であるため、現在の巨大な領土を持ったままロシアが民主化し、領土拡張を諦めることはあり得ないからである。

ロシアが崩壊した結果、新しい国同士で紛争が起きたとしても、今の巨大で強いロシアが隣国に対して戦争を起こすより被害が少ないし、紛争自体を止めやすい。

新たに独立する諸国は皆、弱小国になるだろう。弱小国同士がお互いに与えることのできる損害は限られている。また、弱い国であるため、国際社会の圧力を無視できない。国際社会が圧力をかければ、紛争を終わらせられる可能性は高い。だから、仮に新国同士で紛争が起きたとしても、それは今のロシアが起こしている戦争ほど深刻な問題にならない。

しかし、そもそも、新国同士で戦争は起きない。新たに独立する諸国は経済の状態が悪いため、国際社会の支援を必要とする。紛争を起こせば支援してもらえないのを、皆わかっている。だから、早く国家承認を受け、国際社会と良好関係を築き、支援してもらうために、新国同士では戦争を起こさない。

また、ロシアに支配されているすべての民族から見ると、解放されたい支配者はロシアであり、諸民族同士は敵ではない。むしろ、同じ支配者から解放されたい仲間同士である。ロシアの支配から逃れ、自由を手に入れた彼らは、領土や資源などを巡って争うことで、せっかく手に入れた自由を失うなどの愚かな行動を取らないだろう。

すでに存在する諸民族、諸地域の独立運動の活動家は、仮に新国同士で国境について意見の違いが起きたとしても、それを2国間の話し合いか、国際仲介で解決することを決めている。だから、新国同士の領土紛争の可能性は元々極めて低い。さらに国際社会が新国の発展に関わり、サポートをすれば、その可能性をゼロにできる。

③新たな独裁国家の誕生

次の懸念とは、新しい国が独裁国家になることだ。しかし、この懸念も現実を無視している。すでに現在のロシアが独裁国家であり、民主化する可能性はまったくない。今の状態が続けば、北ユーラシア全体が「ロシア連邦」という名の独裁国家にずっと支配されることになる。

しかし、ロシアが崩壊した場合、間違いなく諸地域の民主化が進む。仮に新しくできた国の一部が独裁国家になったとしても、これは北ユーラシア全部が独裁国家に支配される今の状態よりはるかにいい。独裁国家が占めている土地が大幅に減るのは間違いない。

また、先述したように、新たに独立する諸国は国際社会の支援を必要とするので、支援を受けるために民主化せざるを得ない。独裁国家は援助を受けることができないからだ。だから、いずれにしても新たに独立する国の大多数は民主主義国家になる。独裁を選ぶ国は少数派になるのは間違いない。

仮に一部の新国が独裁国家になったとしても、多数は民主主義国家になるので、独裁国家による地域情勢への悪影響がない。そして、時間が経つと共に、独裁国家と民主主義国家の間に発展の差が出てくるので、一度、独裁国家になった国もいずれ民主化するだろう。ロシア連邦が存続すれば、その地域は永久的に独裁体制に支配されるが、ロシア連邦の崩壊は、地域の民主化につながるのだ。

旧ソ連諸国は結局、独裁国家になるのではないかという指摘も予想される。現在、旧ソ連諸国の内政にロシアが介入し、諸国が民主化しないように妨害しているため、独裁体制は残る。しかし、ロシア自体が崩壊すれば、新独立国の内政に介入することがなくなるので、民主化を妨げるものもなくなる。だから、ロシアの崩壊によって新独立国だけではなく、旧ソ連諸国もその多くが民主化するだろう。

④中国の影響力の拡大

もう一つの懸念とは、中国の影響力の拡大だ。つまり、ロシア崩壊によって独立する諸国は国力の弱い小さな国になるので、その諸国は巨大な財力と軍事力のある中国の影響下に置かれ、中国の勢力圏になるという恐れだ。筆者もこの恐れは現実的だと思っている。

しかし、これは北ユーラシア全体ではなく、地理的に中国に近い極東地域にかぎることだ。中国から離れた国については、その可能性は低い。

しかし、仮にそうなったとしても、現在の状況よりはるかにいい。なぜなら、現在のロシア連邦は中国側の国であるからだ。存続した場合、ロシア連邦が中国と対立して自由民主主義諸国側に加勢することはあり得ない。中露関係は盤石であり、揺らがない。ロシア連邦が存続した場合、中国に経済を大きく依存しているロシアでは、さらに中国化が進み、最終的に完全に中国の属国になるだろう。ロシア全体は中国の勢力圏になり、中国がヨーロッパの黒海とバルト海でも拠点を持ち、北極海も手に入れる。

北ユーラシア全体の中国化を防ぐ唯一の方法は、ロシアの崩壊だ。ロシアをバラバラにすることによって、中国の勢力圏を中国に地理的に近い地域に限定することができる。

そして、もし自由民主主義諸国がロシアの崩壊プロセスを放置せずに、諸民族、諸地域の独立運動をしっかりサポートすれば、中国の勢力圏の拡大を完全に防ぐことができる。

なぜなら、ロシアからの独立を望んでいる諸民族は、中国側ではなく、自由民主主義諸国の一員になりたいからだ。彼らも自由主義、民主主義、資本主義の恩恵を受け、豊かで自由な暮らしをしたがっている。

中国の勢力圏に入り、独裁体制下に暮らしたい民族はいない。だから、もし自由民主主義諸国が先に新独立国にコミットし、支援体制を整え、安全を保障すれば、中国には付け入る隙がない。つまり、中国の勢力圏が拡大するかどうかは、完全に自由民主主義諸国の努力次第となる。

ロシア崩壊のための呼びかけや行動

一部のロシアの専門家からは、ロシア崩壊のための呼び掛けや行動は、ロシアの崩壊ではなく、ロシアの帝国主義者を利する結果につながるという話を聞くことがある。ロシアは、「西側はロシアの崩壊、混乱を目指している」というプロパガンダを流している。だから、もし西側が本当にロシアの崩壊を目指したら、ロシアのプロパガンダが本当だったということになり、ロシア国内の帝国主義者、拡張主義者の主張に説得力を与えるというのだ。しかし、実際にはロシアの崩壊を目指す呼び掛けや行動が、状況の悪化につながることはないだろう。

自由民主主義諸国がいくら共存を目指していると伝えても、ロシアは共存を望まない。ロシアが望んでいるのは、世界覇権だ。ロシアによる世界覇権の最大の邪魔は自由民主主義文明なので、ロシアがそれを破壊する路線は変わらない。ロシアではすでに、帝国主義者や拡張主義者が完全に主導権を握っており、その路線をロシア国民の圧倒的多数も支持している。

だから、自由民主主義諸国がロシアの崩壊を目指しても、目指さなくても、ロシアの極端な反欧米路線、自由民主主義文明を破壊しようとする路線は変わらず、目指さないことでロシアをおとなしくさせることはできない。

つまり、自由民主主義諸国が宥和路線を取っても、ロシアはすでに最大限に凶暴になっている。だから、ロシア崩壊を目指すことでロシアの凶暴さが変わるということはない。

現代の国際社会において国境が不変であるべきだという原則から、ロシアの崩壊は望ましくないという意見もある。しかし、このような意見もロシアの本質を無視している。

すでに何度も説明したように、ロシアが存続する限り、必ず他国を侵略し、戦争を起こす。

ロシアの存続こそが、国境が力によって変えられる事態につながる。だから、国際的に認められた国境が力によって変えられるような事態をこれ以上防ぐために、ロシアを崩壊させなければならない。

主権国家が崩壊することは、法的にも道徳的にも間違っているという意見もある。犯罪を犯した国に対して、ある程度の懲罰を与えるのはいいが、完全に潰すのはやり過ぎだという考え方だ。ロシア以外の国についてなら、たしかに「犯罪を犯しても崩壊までさせるのはやり過ぎだ」という論理は成り立つ。しかし、ロシアは1回や2回、犯罪を犯した国ではない。ロシアは歴史上、ずっと犯罪を繰り返してきた。ロシアが存続するかぎり、これからも犯罪を犯し続けるだろう。

ロシアを崩壊させることは、「懲罰を与える」ためではなく、再犯防止の唯一の手段であり、やむを得ない措置なのだ。

「ロシア連邦」は植民地帝国にすぎない

大事なことは、そもそもいわゆる「ロシア連邦」を統一した国として見るべきではないということだ。ロシア連邦というのは、モスクワ政府によって支配されている諸民族、諸地域の集合体だ（245ページ図14）。つまり、ロシア連邦は植民地帝国である。従って、ロシアの崩壊は主権国家の破壊ではなく、脱植民地化であるということだ。例えば、昔は大英帝国が存在したが、誰もその植民地をイギリスの「不可分な領土」だと考えていなかった。植民地は一時的に宗主国に支配されるが、元々違う国だから、いずれ独立するのは当然なことだ。

今まで存在していたすべての植民地帝国が崩壊し、植民地が独立したように、ロシアの崩壊もただの植民地解放のプロセスに過ぎない。19世紀には、アメリカ大陸の諸国は独立した。20世紀の後半に、アジア、アフリカ諸国は独立した。１９９１年にソ連が崩壊した。これらのプロセスによって独立した諸国は現在世界で存在する国の半数以上を占めている。「植民地解放は間違いだった。旧植民地は皆、旧宗主国の支配下に入るべきだ」と言う人はいない。

同じように、現在モスクワ政府に支配されている諸地域も独立する権利がある。帝国の時代が終わり、今は民族国家の時代だ。この時代に植民地帝国の存在自体が時代遅れで、人類の発展に対する逆行だ。

モスクワ政府に支配される「北ユーラシア」の先住民

認識を改めるために、まずは正しい用語を使うべきだ。まず、モスクワ政府に支配されている地域を「ロシア連邦」ではなく、「北ユーラシア」と呼ぶべきだ。北ユーラシアに多くの民族があるが、それは現在「ロシア連邦」という名のモスクワ政府に支配されているだけだ。

次に、モスクワ政府に支配されている諸民族を「少数民族」と呼ぶのをやめなければならない。彼らは「少数民族」ではなく「先住民」なのだ。

少数民族というのは、祖国は別にあるが祖国以外の国に住んでいる人たちのコミュニティだ。先住民というのは、その地域に最初から住んでいる人たちで、住んでいる地域以外に祖国のない人たちだ。

少数民族は、自由な生活、文化の発展の権利があるが、政治的な主張や自治権を求める権利はない。しかし先住民は、その地域に対してどの民族よりも権利を持っている。当然、自治権も独立も求める権利がある。

モスクワ政府が植民地支配している北ユーラシア諸民族は、それぞれが住んでいる地域においては先住民であり、アジア、アフリカ諸国と同じく独立する権利がある。

だが、モスクワ政府に支配されている各民族において、大半は独立を諦めている。なぜなら、巨大なロシアに一対一では勝てないとわかっているからだ。1990年代のチェチェンの独立運動がロシアに踏みにじられ、チェチェン人はロシアに虐殺されたことが記憶に新しい。

それでも、実際に北ユーラシア諸民族で独立運動を行っている人もいる。モスクワ政府の支配下で独立運動を行うと弾圧されるので、多くの人は外国に亡命している。それぞれの独立運動は、巨大なロシア植民地帝国に対して孤立無援の戦いをしている。

例えば、独立運動を行っている諸民族のグループの一つ「ロシア後の自由な民族フォーラム」には、多くの民族の代表者が参加し、自由民主主義各国で定期的に会議を開いている。2023年8月には、日本でも会議が行われた。

現時点では、まだ独立運動家の力が弱く、すぐに独立を実現するのは難しい。しかし、もし自由民主主義諸国が金銭的、物資的、そして情報面で独立運動を支援すれば、状況が変わる。国際社会が全面的に支援し、北ユーラシアの各地で同時に組織的な独立運動、独立闘争が起これば、モスクワ政府の手に負えなくなる。そして、諸民族の解放、独立の可能性がかなり高くなる。

これは日本にとっても他人事ではない。北ユーラシア諸民族が独立すれば、ロシアは太平洋に面しなくなる。この場合、日本は誰とも戦わずに、平和的に千島列島と南樺太を復帰させられる。この場合、もうロシアがいないわけだから、場合によっては北樺太、さらにカムチャツカ半島の統治も、国際社会が日本に任せる可能性がある。ロシアの崩壊は日本にとって不法占領されている領土を取り戻すだけではなく、平和的に、国際社会が認めた形で領土や権益、そして資源を手に入れる機会にもなる。日本こそ、欧米以上にロシアの崩壊の利得者になる。このような機会を逃すのは非常に愚かなことではないか。

日本の政府機関、行政機関こそ、独立運動家と接触して、その運動を支持、支援してもらいたい。それは日本の安全保障を強化し、完全に日本の国益に適うからだ。

ロシア崩壊にはメリットしかない

以上のように、ロシアを崩壊させることは、どの観点から見ても、いいことづくしなのだ。国際平和の維持、安全保障、人権尊重、法の支配、正義といった観点から、ロシアの崩壊と諸民族の独立はいいことだ。

ロシア崩壊はロシア人自身にとっても幸せにつながる。ロシア連邦が崩壊して、ロシア人の国の領土は大幅に減る。ロシア人はその時初めて、帝国主義、拡張主義の妄想から脱却する機会になるだろう。ロシアの崩壊によって困るのは、帝国主義的な妄想家や独裁主義、恐怖による支配を望み、自由や民主主義を忌み嫌う人間だけだ。一般のロシア人は、ロシア人のためのロシア共和国を作って、自由や民主主義、資本主義の恩恵を受ければよい。それはロシア人を幸せにする。

だから、自由や民主主義の価値観を共有しながら、ロシアの崩壊に反対している人たちは、無意識に、間接的にロシアの帝国主義者を利するだけだ。ロシア崩壊への反対は間接的に、戦争がこれからも繰り返されることへの支持になる。より多くの人に、これに早く気付いていただきたい。

恒久平和を築くために自由民主主義諸国がやるべきこと

現在、世界が抱えている最大の問題とは、凶暴な独裁国家による脅威だ。凶暴な独裁国家とは、中国、ロシア、北朝鮮、イラン、そしてこれらの衛星国や関連勢力だ。それらと自由民主主義諸国との間に、世界における主導権を巡って冷戦が行われている。この冷戦で独裁国家が勝てば、世界で暗黒の時代が始まる。そうなった場合、他の問題どころではなくなる。だから、独裁国家の脅威は最大の問題であり、その解決に最大の力を入れなければならない。

本書を通して、私は自由民主主義諸国が独裁国家に対して最大限に厳しい姿勢を取るべきだと主張してきた。自由民主主義諸国の力は相対的に落ちているのは事実だ。しかし、自由民主主義諸国の国力の合計は、凶暴な独裁国家の合計を上回っている。

中露はたしかに強いが、彼らは世界覇権を目指して、すでに最大限の力を発揮している。それに対して、自由民主主義諸国は今でも平時の気分でいる。もし、日欧米が本気で防衛費増加、軍事力強化、防衛産業の活性化に力を入れれば、その軍事力の合計は中露をかなり上回るだろう。そうなると、中露は、世界規模の戦争を起こすことができなくなる。

つまり、国力の観点から、日欧米は中露より強い。問題は認識だ。日欧米の一般国民も指導層も、独裁国家の脅威を最大の問題と認識していない。まだ、環境問題や人権問題などにとらわれている。「自国第一主義」を掲げて、孤立主義や陰謀論に陥っている人たちもいる。左派の人たちは相変わらず「話し合えばわかり合える」という妄想に浸り、独裁国家に対する宥和路線を訴えている。

現状維持では中露の脅威は消えない

ある程度現実を見ている人たちでさえ、独裁国家が戦争を起こせばある程度対応するが、戦争さえ起こさなければ何もしないという姿勢だ。現状維持最優先で、独裁国家の脅威という問題を根本的に解決しようとする努力をしそうにない。日本のテレビなどで国際問題について解説している学者にもこの傾向がよく見られる。

このような日欧米の認識に、中露の勝機が潜んでいる。真正面から戦うと独裁国家は負ける。しかし、自由民主主義諸国が何もせずに、問題を放置する中、独裁国家だけが勝利のための最大限の努力をすれば、いずれ勝てるかもしれない。独裁国家は、最初から何のルールも守るつもりはないからだ。

これから日欧米に必要なのは、今のような間違った認識を改め、独裁国家の脅威を最大の問題と定め、中露の抑止のために最大限の力を入れることだ。孤立主義、宥和主義、現状維持をやめて、中露の脅威をなくすために積極的で大胆な戦略が必要だ。軍事力強化に力を入れながら、自由民主主義諸国同士の親密な連帯を実現し、すべての自由民主主義諸国が同じ戦略で動くことが不可欠だ。

自由民主主義諸国の勝利の方程式

それでは、正しい認識を持ち、軍事力を強化した上で、具体的にどうすればいいのか、整理しよう。

まずは、現在のロシアによるウクライナ侵略をウクライナの勝利で終わらせること。そのために、ウクライナに武器支援をはじめ、必要な支援をすべて提供する必要がある。

次に、中露に侵略される恐れのあるすべての国、欧州方面ではウクライナ、ジョージア、アルメニア、アジア方面では台湾、フィリピン、韓国の安全を保障すること。つまり、もしこれらの国が中露に襲われたら、自由民主主義陣営はその国を軍事力で守ると表明するのだ。

最も望ましいやり方というのは、現在のＮＡＴＯを拡大し、加盟する要件から地理的な範囲を外して、世界規模の集団防衛体制を作ることだ。ＮＡＴＯ加盟国の領土は武力攻撃を受けたことがない。だから、位置にかかわらず、すべての自由民主主義諸国がNATO（その場合、名前も変わるだろうが）に加盟できれば、中露が自由民主主義諸国を攻撃できなくなる。これで、ひとまず平和が維持される。

同時に、世界と中露のデカップリング、切り離しをしなければならない。自由民主主義諸国は、中露との貿易関係を完全に断ち切らなければならない。それだけではなく、インド、サウジアラビア、ベトナムなどをはじめ、グローバルサウス諸国に対する働きかけをして、中露との貿易の縮小を促す必要がある。

グローバルサウス諸国は価値観を持っておらず、利益のみで動いている。だから、彼らには中露との関係を維持することより、日欧米と関係を深めた方が利益につながることを示す必要がある。もちろん、価値観が日欧米よりも中露に近いグローバルサウス諸国を中露から引き離すのは至難の業だ。しかし、利益優先の勢力には札束が一番効く。中露より太い札束を提示すれば、協力してもらえるかもしれない。もし、中露と世界をデカップリングできれば、彼らを孤立させることができる。孤立すれば、中露はいずれ衰退し、疲弊するだろう。

最後に、中露を内部混乱、崩壊に陥れることだ。先述したように、中露に支配されている諸民族、諸地域で独立を目指している人たちを全面的に支持、支援しなければならない。同時に、政治、経済、諜報などの、多面的な手段を使って、ロシア人同士、中国人同士の分断、対立を起こさなければならない。中露両国は、さほど昔ではない時期に、内戦を経験している。また、抑圧や粛清のため、常に不満を持っている人もいる。ロシアでは最近でもワグネルの反乱があった。

だから、内部対立の種は十分にある。適切に対立を誘発すれば、十分に内紛や内戦が起きる見込みがある。中露が共に内部混乱に陥り、それぞれに現在の独裁体制が崩壊すれば、まずは植民地支配を受けている諸民族を独立させることができる。

そして、残った土地でそれぞれ中国人、ロシア人の国が建設されるが、それぞれが自由や民主主義、基本的人権の尊重や法の支配といった価値観を受け入れ、今までの蛮行について反省し、帝国主義者の取り締まりをしない限り、国際社会への復帰と経済支援を認めないようにすべきだ。そのようにしてはじめて、中露は本当の意味で民主化するかもしれない。

自由民主主義が勝利するために

独裁国家中露の崩壊と諸民族解放は、自由民主主義陣営の勝利となる。勝利が実現すれば、これは人類史上最も重要な出来事となる。

第二次世界大戦は、ソ連が完勝し共産主義の拡散につながったので、むしろ自由民主主義側の敗北だったと言える。米ソ冷戦は一応、自由民主主義側の勝利だったが、自由民主主義側が独裁国家側にとどめを刺さなかったため、独裁国家側が復活した。

現在展開中の新冷戦は、自由対独裁の最終の戦いである。ここで勝利すれば、自由民主主義側の最終勝利となる。勝利した後、自由民主主義諸国は世界で主導権を握り、やはり自由や民主主義の価値観が正しいという認識が世界中に広まる。実利で動くグローバルサウス諸国も自由民主主義陣営の主導権を認めざるを得ないだろう。

そうなれば、自由民主主義諸国は新しい世界の安全保障体制を作ることができる。国連も改革され、常任理事国はG７諸国のみになるだろう。核兵器の保有も、自由民主主義陣営の主要国のみに認められるだろう。

自由民主主義諸国主導で作られた新しい安全保障体制には、みんなが待ちに待っている「世界の警察官」を作る必要がある。つまり、どこかの国がルールを破り、戦争を起こせば、それを別の国が止めるのではなく、自由民主主義諸国が構成する平和維持軍が止める。誰にも偏らない、ルールにのみ基づいて動く「世界の警察官」が止めるのだ。

これこそ、自由民主主義諸国が主導する究極な「力による平和」となる。そして、それによって世界の恒久平和が維持される。

世界で「ルール」という概念を持っているのは、自由民主主義諸国のみだ。そして、相対的に弱ったとはいえ、世界で一番強いのは自由民主主義諸国だ。自由民主主義諸国は勝てる。

そして、自由民主主義諸国は勝たなければならない。

もし、勝てるのに油断したせいで負けてしまうということになれば、これは世界最大の悲劇になり、最も愚かな、最ももったいない出来事になる。人類の悲願である恒久平和を実現するために、みんなで力を合わせて頑張ろうではないか。

おわりに

本書でも繰り返し述べてきましたが、私が悔しく、そして歯がゆく思うのは、自由民主主義諸国は独裁侵略国家陣営に勝てる力を持っているのに、勝つ努力をせず、その増長を見て見ぬふりしているところです。

独裁侵略国家陣営は、まともに自由民主主義諸国とやりあっても勝ち目がないので、卑劣な国際戦略を展開しています。それに翻弄されている自由民主主義諸国を見ると、やはりこのままではかなり危ないと危機感を持っています。

自由民主主義諸国は独裁侵略国家に勝つために、別に今のような豊かな暮らしを諦めて、軍事力一辺倒の国家体制に切り替える必要はありません。基本的に今のままの暮らしを続けながら、多少の予算や人員を軍事力強化、諜報、そして独裁国家に対する抑止や揺さぶりに使うだけで十分です。自由民主主義諸国の一般国民のほとんどは、自国の戦力の強化政策を日常生活においては感じないでしょう。自国民に大きな不自由を強いることもなく、独裁侵略国家陣営に勝つことはできるのです。

ただし、民主主義国家において、政府は世論によって動いています。国民が独裁侵略国家の脅威を理解せず、日常の暮らしのことばかり気にしていれば、政府もそれに沿う政策を取ります。逆に、国民が政府に対して、独裁侵略国家から自分たちをしっかり守ることを求めれば、政府はそのようにするでしょう。国際戦略の主体になるのは国家ですが、国家の正しい国際戦略は、国民一人ひとりの認識上昇にかかっているのです。

だから、読者のみなさんに、ぜひお願いしたいことがあります。本書を読まれたみなさんは、すでに国際情勢について正しい認識に辿り着いているのではないかと思います。そのことをできる範囲でより多くの人に広めて、日本における正しい世論形成にご協力ください。そして政治家に対しても、正しい国際戦略を実行するように求めてください。正しい世論形成は政治決断につながり、それが正しい国際戦略、そして最終的に自由民主主義諸国の勝利につながるのです。

私自身は基本的に言論で闘っていますが、少しばかり実態のあるウクライナ支援もしています。この戦争は大規模なため、ウクライナ軍は移動手段が足りず、車両の補充が常に必要であり、軍の部隊は車両の提供を求めています。そこで私は、日本で中古車を購入してウクライナに送り、ウクライナ軍に提供しています。今まで、日本の支持者のみなさんから寄付金を集めて、ウクライナ軍のために合計36台の中古車を送ることができました。微々たるものですが、これは私個人のウクライナ勝利への直接の貢献です。

みなさんも、周辺の人に正しい認識を広めること、政治家に正しい政策を求めること、寄付すること、支援活動を行うこと、社会運動を起こすこと、自分で発信者になることなど、それぞれの立場で無理のない範囲でできることをしていただければ嬉しいです。

それから、私自身はウクライナの愛国者や正義に基づく世界秩序を求めている自由保守主義者である同時に、日本を愛する親日家でもあります。日本の復活、発展と繁栄を常に願っています。自分の発信によって、日本の復活が少しでも近づくことを切に願っています。本書で提言された自由民主主義諸国の勝利は、100%日本の国益に適っています。自由民主主義の勝利と日本の復活は私の最大の目的です。

以前の書籍ですでに書いていますが、今回も繰り返してみなさんに訴えたいことがあります。日本人のみなさん、どうか、日本の未来について絶望しないでください。復活を信じてください。

日本で「自虐史観」はよく問題になっていますが、それと同じぐらい大きな問題は、日本はもう駄目だ、経済的に復活しない、人口も減っていく一方だという「自虐未来観」です。これに陥るのは非常に危険です。状況はたしかに厳しいですが、絶望すれば、復活のための努力をしなくなります。努力を諦めたら本当に復活できなくなります。どのような状態でも、めげずに努力を続ければ、いつか復活は可能なのです。

実は本書の企画について私が編集者と最初に話し合ったのは、2022年12月でした。そして2023年中に出版する予定だったのですが、さまざまなメディアで全面戦争に関する時事問題の解説に追われたりして、筆がなかなか進まず、出版まで2年以上かかってしまいました。

しかし、その間、北朝鮮が参戦し、アメリカではトランプ大統領が再登板するなど、戦争を取り巻く環境が大きく変わり、むしろこのタイミングで出版できてよかったと、今では思っています。

その間、辛抱強く原稿を待っていただいた育鵬社の山下徹氏に感謝申し上げます。おかげで、本書の出版が可能になりました。7年前、当時ほぼ無名だった私に最初に本の執筆を提案してくださり、それ以降、大変お世話になっています。あらためて山下氏に感謝を申し上げて、筆を擱きたいと思います。

2025（令和7）年2月

グレンコ・アンドリー

グレンコ・アンドリー（Gurenko Andrii）
国際政治学者。1987年、ウクライナ・キーウ生まれ。2010年から11年まで早稲田大学に語学留学。同年、日本語能力検定試験1級合格。12年、キーウ国立大学日本語専攻卒業。13年、京都大学へ留学。19年、京都大学大学院人間・環境学研究科博士後期課程指導認定退学。アパ日本再興財団主催第9回「真の近現代史観」懸賞論文学生部門優秀賞（2016年）。ウクライナ情勢、世界情勢について講演・執筆活動を行っている。著書に『ロシアのウクライナ侵略で問われる日本の覚悟』（育鵬社）、『プーチン幻想』『NATOの教訓』（以上PHP新書）。

扶桑社新書530
ロシア・ウクライナ戦争の行方
世界の運命の分岐点

発行日 2025年3月1日　初版第1刷発行

著　　者………グレンコ・アンドリー
発 行 者………秋尾 弘史
発 行 所………株式会社 育鵬社
〒105-0022 東京都港区海岸1-2-20 汐留ビルディング
電話03-5843-8395（編集） https://www.ikuhosha.co.jp/
株式会社 扶桑社
〒105-8070 東京都港区海岸1-2-20 汐留ビルディング
電話03-5843-8143（メールセンター）
発　　売………株式会社 扶桑社
〒105-8070 東京都港区海岸1-2-20 汐留ビルディング
（電話番号は同上）

印刷・製本………中央精版印刷株式会社

定価はカバーに表示してあります。

Printed in Japan　ISBN 978-4-594-09971-8